Simples mente LEAN

Simples mente LEAN

Desenvolvendo a **CULTURA ORGANIZACIONAL LEAN** em seu negócio

Prefácio de:
ALEXANDRE CARDOSO
CEO da 2Blean

Carlos Eduardo Moretti

ALTA BOOKS
GRUPO EDITORIAL
Rio de Janeiro, 2024

Simplesmente Lean

ISBN: 978-85-508-2082-8

Impresso no Brasil — 1ª Edição, 2024 — Edição revisada conforme o Acordo Ortográfico da Língua Portuguesa de 2009.

Dados Internacionais de Catalogação na Publicação (CIP)
(Câmara Brasileira do Livro, SP, Brasil)

Moretti, Carlos Eduardo
Simplesmente lean : desenvolvendo a cultura organizacional lean em seu negócio / Carlos Eduardo Moretti. -- Rio de Janeiro : Alta Books, 2024.

ISBN 978-85-508-2082-8

1. Administração de empresas 2. Administração de empresas - Metodologia 3. Filosofia Lean I. Título.

24-195350 CDD-658

Índices para catálogo sistemático:

1. Administração de empresas 658

Eliane de Freitas Leite - Bibliotecária - CRB 8/8415

Grupo Editorial Alta Books

Produção Editorial: Grupo Editorial Alta Books
Diretor Editorial: Anderson Vieira
Editor da Obra: J. A. Ruggeri
Vendas Governamentais: Cristiane Mutüs
Gerência Comercial: Claudio Lima
Gerência Marketing: Andréa Guatiello

Assistente Editorial: Ana Clara Tambasco
Revisão: André Cavanha e Kamila Wozniak
Diagramação: Joyce Matos
Capa: Paulo Vermelho

ALTA BOOKS
GRUPO EDITORIAL

Rua Viúva Cláudio, 291 — Bairro Industrial do Jacaré
CEP: 20.970-031 — Rio de Janeiro (RJ)
Tels.: (21) 3278-8069 / 3278-8419
www.altabooks.com.br — altabooks@altabooks.com.br
Ouvidoria: ouvidoria@altabooks.com.br

Editora
afiliada à:

ASSOCIADO

Dedicatória

Para meus pais, Milles e Eduardo, que, através de seus exemplos, ensinaram-me que o conhecimento é um bem que não se perde. Para minha filha Luiza, amiga e companheira que sempre alegrou meus dias. Para Daniella, por me incentivar e trazer paz de espírito, sem o que, provavelmente, este livro não teria sido escrito.

Agradecimentos

AGRADEÇO MEUS SENSEIS PELA PACIÊNCIA, DEDICAÇÃO, GENEROSIDADE e tempo dedicados na transmissão dos conceitos do Lean Thinking. Agradeço às organizações, dos mais variados segmentos de negócios, que permitiram minha entrada em seus Gembas, solicitando auxílio em sua jornada Lean. Por fim, agradeço a todos os *Gafanhotos, Saltamontes* e *Grasshoppers*[1] que me desafiaram com suas dúvidas sobre o Lean.

De maneiras diferentes, todos vocês ajudaram na redação deste livro!

1 *Gafanhoto, saltamontes* (espanhol) ou ainda *grasshopper* (inglês) é a forma carinhosa — inspirada na série de televisão Kung Fu (1972–1975) — pela qual trato os colaboradores de meus clientes.

Sumário

PARTE 3

Prefácio

Conheço o Moretti já há alguns anos e, sempre que nos encontramos, fazemos reflexões conceituais e filosóficas sobre Lean. Isso me enriquece cada vez mais, pois sempre aprendo e reforço minha crença de que estou apenas começando na jornada Lean, apesar dos 25 anos de estrada.

Este livro foi uma agradável surpresa, pois permitiu uma leitura suave com reflexões importantes e profundas e com exemplos práticos da vida real mostrando os potenciais de resultados da aplicação do Lean em qualquer tipo de negócio. Hoje, o Lean já está extrapolado (e muito) de seu início na indústria, com aplicações em hospitais, fazendas, aeroportos, empresas de serviço, entre outros.

Ao ler o livro, você perceberá, na Parte I, como Moretti faz uma reflexão sobre os "tipos de Lean" (que na verdade nada mais são do que aplicações da filosofia Lean em ambientes de trabalho diferentes entre si), mas conclui que a essência da filosofia é sempre a mesma: eliminar desperdícios e criar uma cultura transformacional. Assim, ele prova que a transformação das pessoas é a essência da filosofia Lean, além do propósito e dos processos.

Na Parte II, o autor explora a representação da filosofia que, além de ser composta por artefatos e ferramentas, é, acima de tudo, baseada em crenças, o que torna sua interpretação fascinante. Sempre acreditei que Lean é uma filosofia de vida, e este livro mostra com profundidade que é isso que realmente importa.

Os exemplos de aplicação em casos reais permitem a visualização e o entendimento de como os artefatos podem ser aplicados em qualquer tipo de negócio, mas ao mesmo tempo percebemos que sozinhos não passam de uma aplicação superficial que, com o tempo, acaba se desfazendo.

Entender a essência de cada artefato nos faz refletir se os estamos usando da maneira correta. Muitas vezes, algumas pessoas veem quadros de gestão visual e os copiam para suas empresas; assim, não percebem que o quadro é apenas a ponta do iceberg: o que realmente importa é entender onde estamos e para onde vamos, além de tratar os problemas de maneira sistemática para tornar o processo mais estável. Essas e outras reflexões podem ser feitas a cada capítulo do livro.

Esta obra nos permite degustar os resultados da aplicação dos artefatos a cada capítulo, com dicas ao final para evitar cair em armadilhas. Confesso que já caí algumas vezes nelas, mas aprendi após vários tombos, o que nos torna mais fortes a cada passo da jornada. Acredito que você vai se identificar com os casos e com as armadilhas, que já devem ter cruzado seu caminho e desanimado às vezes.

Na Parte III, é apresentada uma forma possível de transformar a cultura organizacional. Tudo parte da mudança das práticas do dia a dia para atingir as crenças das pessoas e fazê-las acreditar que é possível a implementação de uma nova cultura.

Simplesmente Lean é um livro que vai mexer com você, tanto na sua maneira de pensar sobre Lean quanto em como transformar os negócios de maneira sólida e consistente. Ele vai muito além da aplicação de ferramentas isoladas dentro das empresas, também sendo uma fonte de inspiração para aplicar o Lean em qualquer negócio e na sua vida. Quem sabe você não cria mais um nome a ser associado ao Lean? Mesmo isso importando pouco, às vezes é necessário para que mais pessoas que não conhecem Lean passem a compreender. Desejo uma boa leitura e que este livro transforme a sua vida e a de outras pessoas ao seu redor!

Alexandre Cardoso
CEO da 2blean

Simples mente LEAN

Introdução

— Que tipo de Lean vamos usar aqui? Lean Manufacturing, Lean Office, Lean Agrobusiness, Lean Healthcare?
— **Não.** Simplesmente Lean*!*

Por que mais um livro sobre Lean?

Como profissional, meu propósito **é ajudar** pessoas e empresas a **prosperarem**, através do aumento de sua **produtividade**. Pessoas e empresas **mais produtivas** economizam recursos naturais, vendem produtos e prestam serviços de melhor qualidade, com preços mais acessíveis.

Nos últimos 15 anos, busquei atingir esse propósito através de palestras, treinamentos, publicações de artigos e consultorias, no Brasil e em outros dez países. Embora durante a confecção de nossos Hoshins[1] a iniciativa de escrever um livro tenha sido cogitada várias vezes, sempre considerei que, como o Lean vem sendo estudado desde o início dos anos 1980, restava muito pouco a ser dito sobre essa filosofia de gestão.

Contudo, recentemente, venho observando algumas *tendências* que me levaram a rever esse ponto:

- artefatos da cultura Lean[2] vêm sendo "misturados" a conceitos de estatística que, normalmente, são ensinados a estudantes de engenharia, no terceiro ou quarto semestre do curso, criando uma casta de especialistas "coloridos" que — **supostamente** — detêm o conhecimento sobre a melhoria contínua, limitando sua disseminação entre os demais membros da organização;
- artefatos são rebatizados e emprestados a **novas** metodologias, levando à falsa ideia de que se pode implantar apenas uma parte de uma filosofia de gestão;
- a divisão do Lean em classes (Lean Office, Lean Manufacturing, Lean Healthcare, Lean Agrobusiness etc.), que leva à falsa ideia de que existem tipos diferentes de cultura de melhoria contínua.

E essa última tendência servirá como ponto de partida...

Lean Whatever x Simplesmente Lean

O hábito de segmentar assuntos complexos a fim de torná-los mais amigáveis é muito saudável, principalmente em processos de solução de problemas. Porém essa prática, às vezes, nos leva a armadilhas! Uma das maiores delas está na divisão do Lean em classes, tais como Lean Manufacturing, Lean Office, Lean Agrobusiness, Lean Healthcare, Lean IT etc.

Essa divisão turva o julgamento daqueles que estão dispostos a iniciar sua jornada Lean, na medida que alimenta preconceitos sobre a filosofia que dificultam o processo de aculturamento: supor que para poder implantar o Lean numa empresa seja **indispensável já ter trabalhado no mesmo** segmento ou ainda que os artefatos da cultura Lean adequados a uma fábrica de chapas de acrílico sejam diferentes daqueles utilizados num escritório de contabilidade ou numa fazenda de cana-de-açúcar é um erro grave!

Considere um hospital. *É razoável* intuir que a cultura de melhoria contínua que se adéqua aos processos de higienização de um centro cirúrgico seja diferente daquela que se aplica aos processos administrativos da organização? Faz sentido acreditar que os artefatos utilizados para diminuir o tempo de troca de ferramentas de uma máquina que produz tubos sejam diferentes daqueles utilizados para diminuir o tempo de carregamento de adubo num trator? A resposta é **não** para todas as perguntas!

Meu objetivo é demonstrar que não existem as tais *classes* de Lean, os famosos, Lean Manufacturing, Lean Healthcare e, quem sabe, o *Lean Whatever*! Na verdade, há **Simplesmente Lean**: Lean aplicado à manufatura, Lean aplicado à saúde, Lean aplicado ao agronegócio. **Simplesmente Lean**!

Como este livro foi estruturado

A **Parte I** explica o porquê da afirmação de que existe apenas **Simplesmente Lean** e ilustra a teoria que norteia a metodologia que utilizo nos processos de implantação do Lean. Os capítulos da **Parte II** fornecem embasamento teórico sobre a utilização dos artefatos[3] da cultura Lean, independentemente do ambiente de negócio, narrando **casos práticos de sua aplicação**, em segmentos em que já atuei:

- agronegócio;
- logística de distribuição;
- corretagem de seguros;
- manufatura (*Make to Order* & *Make to Stock*);
- seguros;
- serviços contábeis; entre outros.

Por fim, na **Parte III**, discutirei a metodologia de aculturamento do Lean, indicando um caminho possível para sua implantação.

Espero que este texto possa ajudar você e sua organização a se tornarem mais prósperos!

Carlos Eduardo Moretti

c.moretti@treinari.com.br

Março de 2022

PARTE 1

CAPÍTULO 1

Cultura: A Chave para o Sucesso da Implantação do Lean Thinking

Se a única ferramenta que você possui é um martelo, provavelmente achará todos seus problemas parecidos com um prego!

ABRAHAM MASLOW

Por que algumas empresas falham ao tentar implantar o Lean?

A tabela a seguir mostra resultados de pesquisa realizada com aproximadamente 400 empresas após 12 meses de implantação do Lean Thinking:

Progresso (em relação aos objetivos do projeto)	%
Nenhum Progresso	20%
Pequeno Progresso	55%
Progresso Significativo	23%
Atingiu plenamente seus objetivos	2%

TABELA 1.1 — IMPLANTAÇÃO DO LEAN THINKING

Somente 1 em cada 50 atingiu seus objetivos!

Pode-se começar a entender as razões desse alto nível de insucessos através da história a seguir.

Em seu livro A Cultura *Toyota — A Alma do Modelo Toyota*[1], Jeffrey Liker narra a visita de Red Poling, então ex-presidente da Ford Motors Company, à Toyota Motors Manufacturing Kentucky (TMMK). Poling contou com acesso irrestrito a todas as áreas da Toyota e teve respondidas todas as suas perguntas. Na reunião de encerramento, ao ser questionado por Fujio Cho (presidente da Toyota), sobre quais pontos julgara importantes, o norte-americano — com ar desapontado — respondeu: "Não vi nada de diferente. Nossas fábricas são muito semelhantes!" Encerrada a visita, o executivo japonês disse à sua equipe: "Aprendemos uma coisa muito importante no dia de hoje: temos os mesmos equipamentos e sistemas da Ford, mas o que o Sr. Poling não foi capaz de enxergar foi nossa maior vantagem competitiva: nossa **Cultura Organizacional!**"

Em resumo, quando visitam ou estudam empresas que possuem o Lean implantado, algumas pessoas ficam admiradas com a limpeza e organização, com o grande volume de controles visuais, máquinas e equipamentos dispostos de maneira a formar células, Kanbans e Andons, por exemplo. Para os mais desavisados, esses artefatos se confundem com o sistema propriamente dito, levando-os a crer que, para ser Lean, basta a organização possuir todos esses elementos.

Na verdade, implantações bem-sucedidas do Lean **obrigatoriamente** envolvem profundas mudanças na **cultura** da organização.

Mas como se dá o processo de mudança da cultura?

PROPÓSITO — PROCESSOS — PESSOAS

A seguir, abordarei os pontos-chaves[2] para o sucesso dos esforços da disseminação e perpetuação da cultura Lean nas organizações. São eles: propósito, processo e pessoas.

Propósito

Aquele que tem um Propósito para viver,
pode suportar quase tudo!

FRIEDRICH NIETZSCHE

Qual o propósito da **sua** organização?

Se você respondeu algo parecido com **ganhar dinheiro e crescer**, fez coro com muitos dos empresários, diretores de empresas ou agentes de mudança com quem conversei nos últimos anos. Mas pense: quantas vezes você comprou um produto ou serviço de uma organização para fazer com que ela ganhasse dinheiro ou crescesse? Excetuando-se casos em que seu objetivo foi o de auxiliar instituições de caridade, provavelmente, nunca! Portanto, o que o faz pensar que alguém compraria um produto ou serviço de **sua** organização para fazê-la crescer e ganhar dinheiro? Na verdade, procuramos organizações para que elas resolvam nossos problemas! Problemas relacionados a transporte de pessoas ou bens, saúde, conhecimento etc. Uma lista infinita de necessidades. Logo, à luz da filosofia Lean, o propósito de uma organização deve estar relacionado *à* **resolução dos problemas de seus clientes**!

Mas como ficam o lucro e o crescimento? Esses elementos podem ser comparados ao ar que respiramos. Apesar de indispensável, é pouco provável que você afirme que seu propósito na vida seja simplesmente conseguir ar para respirar!

Para ilustrar como a conexão entre propósito e ações de uma organização pode influenciar seu fracasso ou sucesso, apontarei a sucessão de fatos que culminou com a falência da Kodak. Apesar de ter inventado a câmera digital em 1975, em função do temor da diminuição das receitas advindas das vendas de filmes fotográficos e material para sua revelação, a empresa postergou o lançamento de sua descoberta por mais de 25 anos, deixando em segundo plano **a gigantesca gama de problemas que a câmera digital resolveria para seus clientes.** Quando a Kodak decidiu lançar a câmera digital, já era muito tarde: o mercado já havia sido dominado pela Sony e Panasonic. A falência veio em 2012.

Dito isso, lembre-se que quaisquer que sejam os problemas que uma organização deve resolver para atender seus clientes, isto é, qualquer que seja seu propósito, este será atingido mais facilmente através de processos Lean.

Mas o que é um processo Lean?

Processos

O Processo correto gerará os resultados corretos

O MODELO TOYOTA – J. LIKER

Primeiramente, deve-se lembrar que processos podem ser entendidos como conjuntos de **atividades executadas numa ordem predefinida, que recebem entradas de fornecedores e geram saídas para seus clientes.**

Um processo Lean é um processo cuja programação (*input*) é transmitida a um único ponto de seu fluxo e onde cada atividade é **V.A.C.A. Flex**[3]:

- **V**aluable — agrega valor[4], segundo a ótica do cliente;
- **A**dequate — é executada com os meios (ferramentas, dispositivos, softwares) e condições (iluminação, ergonomia, segurança) adequados;

- **C**apable — possui alta capabilidade[5], evitando desperdícios[6] de espera, refugo, retrabalho e movimento;
- **A**vailable — tem alto grau de disponibilidade[7], evitando os desperdícios de espera e superprodução, promovendo o fluxo contínuo;
- **Flex**ible — é flexível de forma a diminuir os custos de setup. Os baixos custos de setup viabilizam a diminuição do tamanho dos lotes e facilitam o nivelamento da produção[8], minimizando assim os desperdícios de superprodução e inventário.

Por fim, lembre-se que os processos de uma organização são desenhados e geridos por **pessoas**. Logo, é razoável afirmar que a maneira de pensar e agir dessas pessoas, em relação aos processos em que atuam, determinará o sucesso ou fracasso da mudança cultural, necessária à implantação do Lean.

Pessoas — Cultura Organizacional — O Modelo de Edgar Schein

Antes de construir carros, nós construímos Pessoas!

FUJIO CHO

Em seu artigo *Coming To A New Awareness Of Organizational Culture*[9], Edgar Schein definiu **cultura organizacional** como sendo o:

Conjunto de Crenças que um grupo desenvolveu ao aprender a lidar com problemas de adaptação externa ou integração interna, que funcionou bem o suficiente para ser considerado válido e, portanto, transmitido a novos membros da Organização, como a forma correta de pensar, perceber e se sentir em relação a esses problemas.

Alguns dos termos dessa definição estão detalhados no quadro a seguir:

Crenças (Premissas básicas)	Elementos que induzem a comportamentos executados de **forma inconsciente** e que constituem a **essência de uma cultura**.
Grupo	Pessoas que estiveram juntas tempo suficiente para compartilhar problemas importantes para a organização, tendo oportunidades de resolvê-los e observar os efeitos de sua solução.
Problemas de adaptação externa e integração interna	São problemas que determinam a "sobrevivência" do grupo num determinado ambiente.
Funcionou bem o suficiente para serem considerados válidos	Para os membros do grupo, não há dúvidas de que a aplicação desse conjunto de crenças **sempre** será suficiente para resolver um determinado tipo de problema.
Ensinados a novos membros	Pelo fato de terem funcionado bem e auxiliado o grupo a superar determinado tipo de problema, as crenças devem ser disseminadas para os novos membros do grupo.
Forma correta de pensar, perceber e sentir-se	Com o passar do tempo, a convivência num determinado tipo de cultura induz a comportamentos característicos desta.

QUADRO 1.1 — ELEMENTOS DA CULTURA ORGANIZACIONAL

Segundo Edgar Schein, **se a aplicação de uma prática provou ser reiteradamente eficaz em determinadas situações, os membros de um grupo não mais questionarão se devem ou não utilizá-la: todos o farão de forma instintiva e não por uma decisão explícita.**

Schein afirmou ainda que a cultura organizacional pode ser dividida em três níveis:

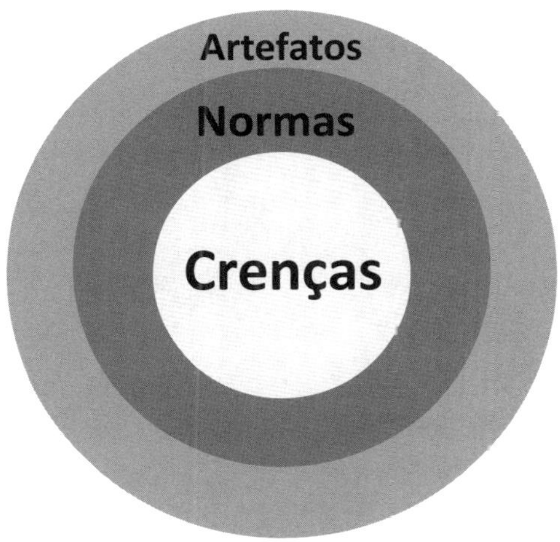

FIGURA 1.1 — NÍVEIS DA CULTURA ORGANIZACIONAL

Em que:

- **Artefatos ("Aquilo que vemos"):** tudo aquilo que é tangível. São os elementos visíveis de uma cultura organizacional e podem ser reconhecidos por pessoas que não fazem parte dela.
- **Normas ("aquilo que dizemos"):** é como os elementos de uma organização explicam o porquê de as coisas serem como são.
- **Crenças[10] ("aquilo que está em nosso inconsciente")**: premissas básicas que estão profundamente enraizadas.

A seguir, as diferenças básicas entre as **crenças** das pessoas da empresa convencional e das pessoas da empresa Lean:

Crenças — Pessoas da Empresa Convencional

As pessoas das empresas convencionais — aquelas que não têm o Lean implantado — possuem as seguintes crenças no que se refere ao gerenciamento de seus processos:

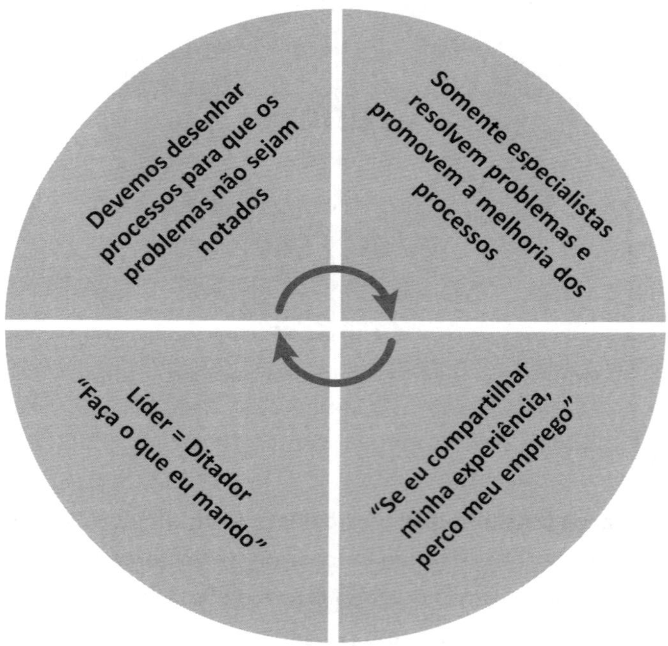

FIGURA 1.2 — CRENÇAS (PESSOAS DA EMPRESA CONVENCIONAL)

1. Devemos desenhar processos para que os problemas NÃO sejam notados

É razoável supor que **conscientemente** ninguém vai ocultar problemas de um determinado processo. Contudo, conforme explicado, crenças fazem parte do **inconsciente**!

O caso mais comum de processos desenhados para que os problemas **não** sejam notados ocorre em processos de setup[11] de uma máquina. Por exemplo, num de meus clientes, o alto custo das 26 horas da máquina formadora de tubos[12] **parada por conta do setup** era diluído com a produção de lotes "gigantes" (dezenas de quilômetros de tubos). Logicamente, como efeito colateral, havia grandes estoques de produtos acabados.

Produzir **grandes lotes** fazia com que os gestores não se perguntassem: por que o setup dura 26 horas?[13]

2. Somente especialistas resolvem problemas e promovem a melhoria dos processos

O projeto dos processos é realizado por "especialistas". Há uma crença de que aqueles que o executam não têm capacidade e não devem perder seu tempo analisando o processo. Esses conceitos, preconizados por Frederick Taylor em meados do século passado, ainda estão presentes no dia a dia das organizações, gerando um distanciamento entre os grupos de "especialistas" e executores.

Como resultado, os executores não desenvolvem um sentimento de propriedade pelo processo, isto é, não se sentem responsáveis pelo processo, por seus resultados e nem por eventuais anomalias que estes venham a apresentar, deixando para os "especialistas" as tarefas de solução de problemas e melhoria.

3. Se eu compartilhar minha experiência, perco meu emprego!

É comum encontrar pessoas com o seguinte raciocínio: "Trabalho nessa empresa há mais de 15 anos e sofri sozinho(a) para aprender tudo o que sei! Esta experiência ajuda a manter meu emprego".

Fica fácil intuir que, se todos pensarem assim numa organização, a única maneira de adquirir conhecimento será através de iniciativas pessoais, guiadas pelo método de tentativa e erro, limitando a transferência de conhecimento.

4. Líder = ditador → *Faça o que eu mando!*

A estrutura e o comportamento dos líderes nas empresas convencionais lembram muito a hierarquia militar, em que as ordens caminham pela **cadeia de comando** no sentido *top-down*, não cabendo aos subordinados questioná-las, mas executá-las. Líderes têm como *drivers* principais os resultados do negócio. Sua maior preocupação é garantir que suas equipes "entreguem os números".

A seguir, analisarei o "outro lado da moeda", isto é, as crenças das pessoas da empresa Lean.

Crenças — Pessoas da Empresa Lean

As pessoas das empresas que possuem o Lean implementado — ou simplesmente empresas Lean — possuem as quatro crenças, mostradas na figura a seguir:

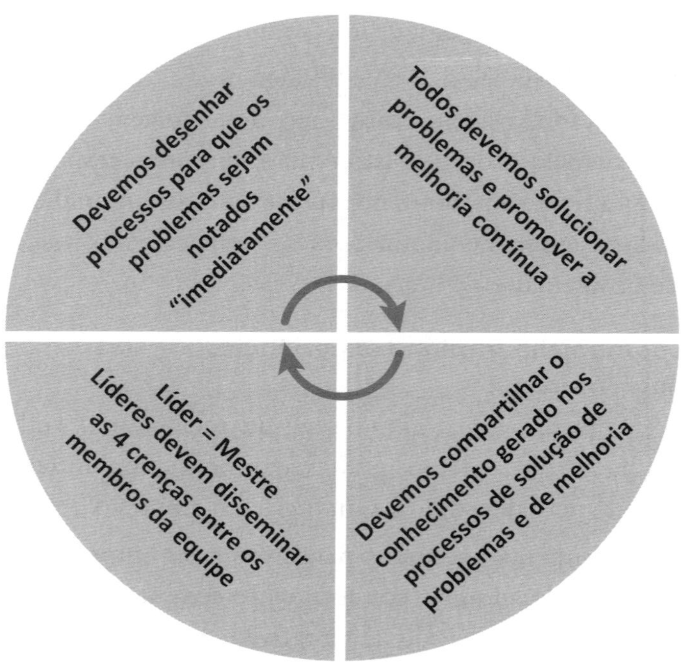

FIGURA 1.3 — CRENÇAS DAS PESSOAS DA EMPRESA LEAN

Crença #1 — Devemos desenhar processos para que os problemas sejam notados "imediatamente"

Problemas (anormalidades ou desvios de um padrão) devem ser identificados de forma fácil, intuitiva e imediata! Essa crença pode ser sumarizada pela célebre frase de Taiichi Ohno: "O pior problema é não ter problemas!"

Crença #2 — Todos devemos solucionar problemas e promover a melhoria contínua, deixando claras as contramedidas tomadas nesses processos

A distribuição dos problemas das organizações está ilustrada na figura a seguir:

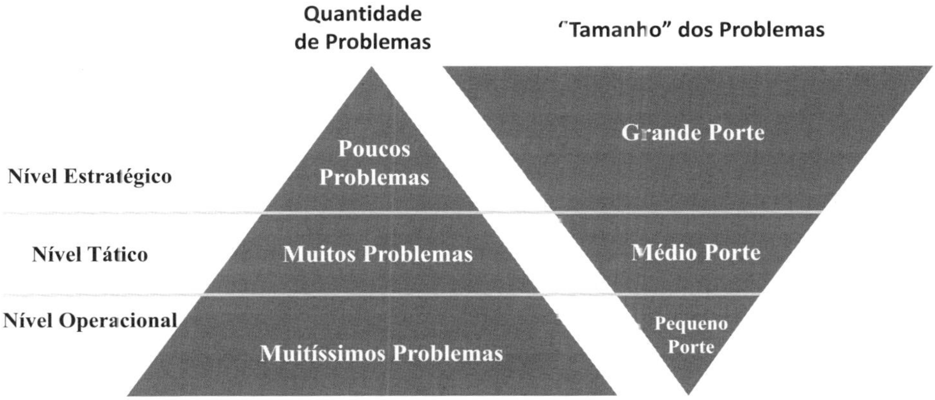

FIGURA 1.4 — TIPOS DE PROBLEMAS DE UMA ORGANIZAÇÃO

Assim:

- O **nível estratégico deve resolver poucos problemas de grande porte.** Por exemplo, lançamento de uma nova linha de produtos ou serviços.
- O **nível tático deve resolver muitos problemas de médio porte.** Por exemplo, taxa de absenteísmo, tempo de espera de pacientes, falta de insumos para o plantio das mudas de cana-de-açúcar.

- O **nível operacional deve resolver muitíssimos problemas de pequeno porte.** Por exemplo, diminuição da distância percorrida para obter medicamentos, quantidade de movimentos necessária para a identificação de caixas, tempo necessário para encontrar ferramentas.

Fica claro que, se a tarefa de resolver os três tipos de problemas for designada a uma única equipe (os especialistas), a empresa não vai dispor de recursos suficientes para atacar **todos os problemas** e, não raramente, uma enorme quantidade de problemas de pequeno e médio porte será desprezada.[14]

Assim, é fundamental que **todos os colaboradores** da organização sejam capazes de resolver problemas e propor melhorias!

Outro ponto importante é que, para desenvolvermos solidamente a cultura organizacional de melhoria contínua, **apenas resolver os problemas, de forma a obter-se os resultados esperados, não é o suficiente:** um **bom processo de solução de problemas deve** deixar claras as contramedidas tomadas e assim facilitar o compartilhamento do conhecimento gerado[15].

Veja agora a importância de termos processos robustos de solução de problemas e melhorias.

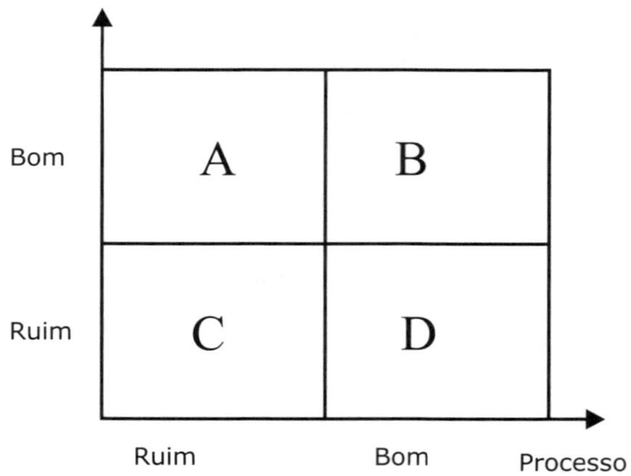

FIGURA 1.5 — PROCESSOS X RESULTADOS

Na Figura 1.5, o eixo horizontal mede a qualidade de um determinado processo e o eixo vertical representa a qualidade dos resultados gerados por esses processos. Então, cada um dos quadrantes do gráfico representa:

- A: resultados bons, gerados por processos ruins;
- B: resultados bons, gerados por processos bons;
- C: resultados ruins, gerados por processos ruins;
- D: resultados ruins, gerados por processos bons.

Indagados sobre qual seria a melhor opção, A (resultados bons — processos ruins) ou D (resultados ruins — processos bons), a maioria dos gestores das empresas convencionais com quem tive contato opta pelo quadrante A. Em suas crenças, esses gestores valorizam resultados em detrimento dos processos.

Contudo um observador mais atento afirmará que atingir bons resultados, **apesar** de haver processos ruins, é pura **sorte** de contar com uma boa equipe, sorte de haver poucos concorrentes ou atuar em mercados promissores, por exemplo.

Por outro lado, ter um bom processo — mesmo que este, momentaneamente, não esteja gerando os resultados desejados (quadrante D) — é um ótimo ponto de partida, pois a melhoria contínua rapidamente conduzirá a um processo robusto, que gerará bons e consistentes resultados.

Em outras palavras, o foco no desenvolvimento do processo de solução de problemas robusto — independentemente de resultados iniciais incipientes — é fundamental.

Crença #3 — Devemos compartilhar o conhecimento gerado nos processos de solução de problemas e de melhorias

Partindo da pergunta: "Por que os povos da Eurásia conquistaram os povos da África e da América e não o contrário?", Jared Diamond, em seu livro *Armas, Germes e Aço: Os destinos das sociedades humanas*[16], defende que os eurasianos se tornaram conquistadores graças à sua grande capacidade de geração, retenção e disseminação do **conhecimento**. Diamond argumenta que as condições geoclimáticas da Europa e Ásia **facilitavam e encorajavam** o deslocamento de seus povos, por corredores com grande amplitude no sentido Leste-Oeste e pequena amplitude no sentido Norte-Sul (Figura 1.6). Como resultado, eram percorridas regiões com condições climáticas e geográficas semelhantes, de forma que **o conhecimento** gerado para **resolver problemas** de alimentação, abrigo, autodefesa e transporte numa localidade poderia ser não só **compartilhado**, mas também facilmente **adaptado às novas situações, através de pequenas e incrementais mudanças.**

FIGURA 1.6 — SENTIDO DE DESLOCAMENTO DAS CIVILIZAÇÕES

Por outro lado, para deslocarem-se nas Américas ou África, os povos deveriam caminhar principalmente no sentido Norte-Sul, onde experimentariam drásticas variações de clima e relevo. Dessa forma, técnicas usadas para resolver problemas de abrigo e cultivo de alimentos adequadas à determinada região seriam de pouca ou nenhuma utilidade em outra. Assim, as amplitudes dos deslocamentos foram drasticamente diminuídas, dificultando a transmissão e evolução do conhecimento.

Ainda segundo Diamond, o resultado desses processos distintos pôde ser notado nos confrontos entre povos destes dois cenários: no início do século XVI, no Peru, o espanhol Francisco Pizarro, com um exército de pouco menos de duzentos soldados, derrotou o exército inca — à época, a civilização mais avançada do continente americano — que contava com milhares de homens. Apesar de numericamente inferior, o exército espanhol possuía cavalos, canhões, armas de fogo portáteis, espadas e armaduras de aço — resultados de técnicas de domesticação de animais e de metalurgia, aperfeiçoadas durante séculos — para enfrentar nativos armados com pedras e artefatos de madeira e bronze.

Esses exemplos mostram que o compartilhamento e a adaptação do conhecimento (Crença #3) são tão importantes quanto sua geração (Crença #2).

Crença #4 — Líder = mestre — líderes devem disseminar as quatro crenças entre os membros da equipe

Uma das obrigações mais importantes de um **líder** da empresa Lean é desenvolver as quatro crenças da cultura organizacional nos membros de sua equipe, de forma a garantir a perpetuação do sistema.

Normas — Pessoas da Empresa Lean

Para verbalizar **o porquê de as coisas serem como são**, a cultura organizacional das pessoas da empresa Lean possui as seguintes normas:

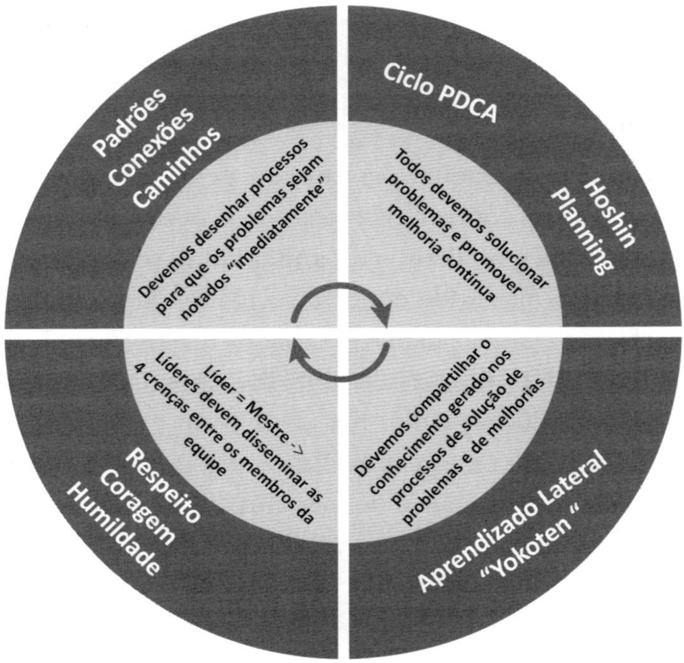

FIGURA 1.7 — NORMAS DA CULTURA ORGANIZACIONAL LEAN

Crença #1 — Desenhar processos para que problemas sejam notados imediatamente — Normas

➡ **Padrões** — Todos os trabalhos devem ser minuciosamente especificados em termos de conteúdo, sequência, tempo e resultados (qualidade).

Conteúdo e sequência de trabalho	A definição explícita destes elementos é uma forma de garantir a repetibilidade dos processos. Por exemplo, uma amostra de sangue sempre será obtida com a mesma sequência de atividades.
Tempo	A correta definição do tempo de execução de uma determinada tarefa permitirá que saibamos "imediatamente" se estamos adiantados ou atrasados em relação a um plano (padrão).
Resultados (qualidade)	Permite que o executor da tarefa decida se o resultado está livre de defeitos (testes), evitando que estes sejam propagados para atividades subsequentes.

QUADRO 1.2 — ESPECIFICAÇÕES DOS TRABALHOS

A figura a seguir mostra como os processos estão encadeados:

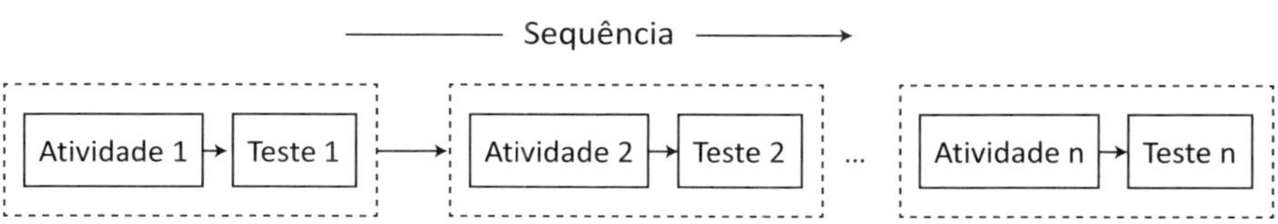

FIGURA 1.8 — PADRÕES

Atividades estruturadas segundo essa norma facilitam a identificação e solução de problemas, pois o efeito de cada ação é **imediatamente** percebido e avaliado pelo executor, no momento e no local onde esta foi executada. Além disso, promovem o encapsulamento do processo, pois garantem que os resultados de uma determinada atividade, ao serem enviados para a atividade subsequente, estão **livres de defeitos.**

- **Conexões** — Todas as conexões cliente-fornecedor devem ser diretas. Deve existir um caminho inequívoco de "sim ou não" (binário) para enviar solicitações e receber respostas.

Conexão direta	**Não há intermediários** entre os pedidos enviados pelos processos clientes (aqueles que usam os produtos, serviços ou informações) e processos fornecedores. Analogamente, as respostas dos fornecedores (produtos e serviços) devem ir diretamente aos clientes (Figura 1.9).
Caminho inequívoco	Os envolvidos nos processos estão claramente definidos.
Enviar solicitações e receber respostas	As quantidades e tempos de resposta estão predefinidos. Caso haja problemas, são imediatamente gerados pedidos de ajuda (Figura 1.10).

QUADRO 1.3 — CONEXÕES

Veja o funcionamento das conexões nas figuras a seguir:

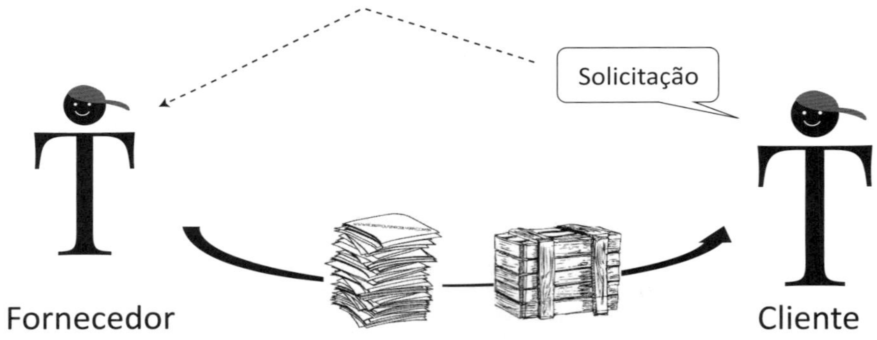

FIGURA 1.9 — CAMINHO DAS SOLICITAÇÕES

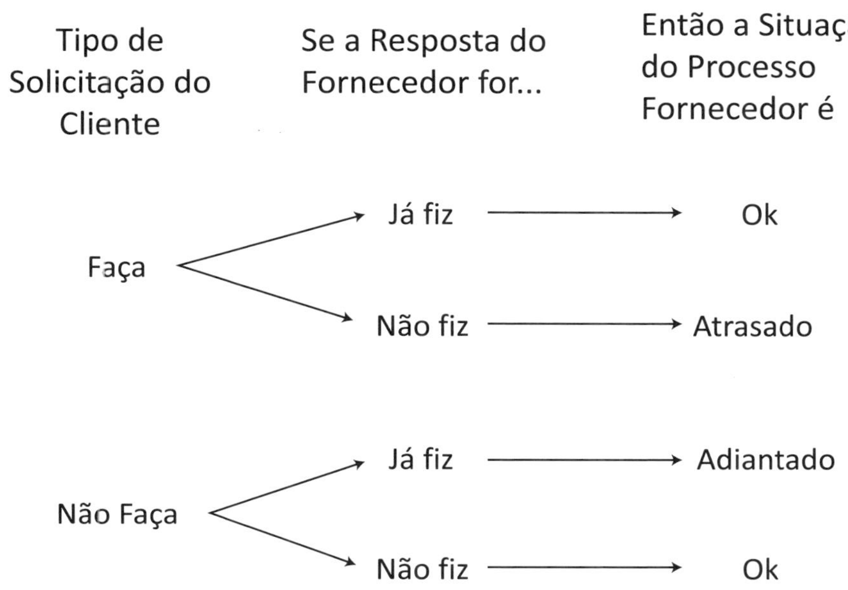

FIGURA 1.10 — SOLICITAÇÕES (NÃO HÁ INTERMEDIÁRIOS)

Observações:

- Cada solicitação enviada pelo cliente é um **teste para a conexão**: o processo fornecedor pode estar **atrasado** em função de ciclos de trabalho mais lentos que o especificado (problemas de máquinas, equipamentos, treinamentos, qualidade) e/ou demanda pode ser maior que a prevista. Analogamente, processos **adiantados** podem significar ciclos de trabalho mais rápidos que o especificado (recursos desbalanceados) e/ou demanda menor que a prevista.
- Para que as solicitações (faça/não faça) e as respostas (já fiz/não fiz) possam ser binárias, é necessário que sejam definidos **antecipadamente** o quê, quanto e quando se deve pedir e entregar.

A seguir, um exemplo de como problemas na conexão dos processos podem acarretar efeitos terríveis.

Um paciente passou por uma cirurgia de remoção de um tumor do estômago. Ao ser encaminhado para o quarto, o cirurgião prescreveu uma dieta totalmente **isenta de alimentos sólidos (pastosa)**, visto que esses alimentos poderiam vir a romper a sutura realizada durante o ato cirúrgico. Ainda internado, dois dias depois da cirurgia, o paciente apresentou sérios problemas cardíacos e teve que ser removido para a Unidade de Terapia Intensiva (UTI) Cardiológica do mesmo hospital onde, após um processo de estabilização, ficou em observação. O médico da UTI prescreveu uma dieta hipossódica (pobre em sódio). Como resultado, aproximadamente três dias após passar por uma cirurgia no estômago, o paciente estava **ingerindo alimentos sólidos hipossódicos**!

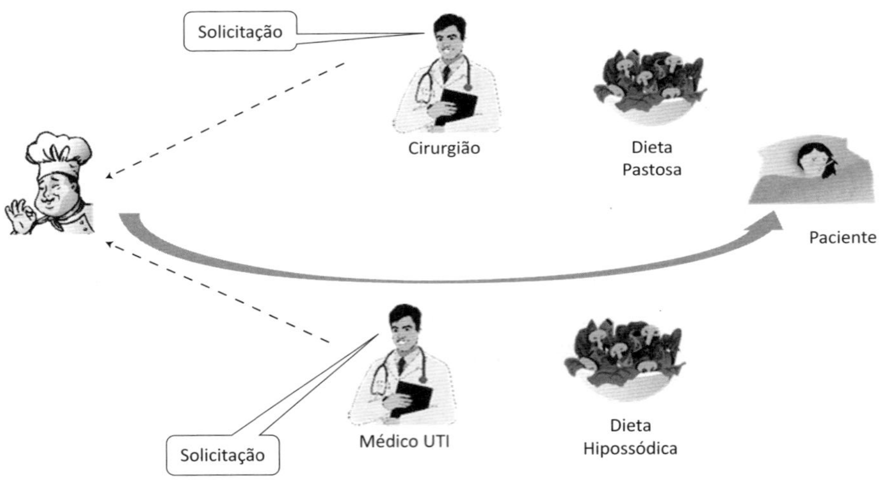

FIGURA 1.11 — PRESCRIÇÕES DE DIETAS

Note que nenhuma das duas solicitações das refeições foi feita ao fornecedor (cozinha) de forma direta (pelo paciente), mas através de intermediários (médicos). Uma possível solução para eliminar os intermediários poderia ser: os pacientes receberiam pulseiras, cujas cores corresponderiam a tipos diferentes de dietas. Por exemplo, vermelha para dieta pastosa e amarela para hipossódica. Dessa forma, para definir-se qual tipo de refeição seria entregue, o pessoal da cozinha (*for-*

necedor) passaria a ir até os leitos dos pacientes (*clientes*) e checar a cor das pulseiras. Sem intermediários! Não obstante, **a cada entrega** de refeição seria possível testar (ver texto sobre padrões) se o tipo de alimento entregue correspondia **ao conjunto de refeições prescrito.**

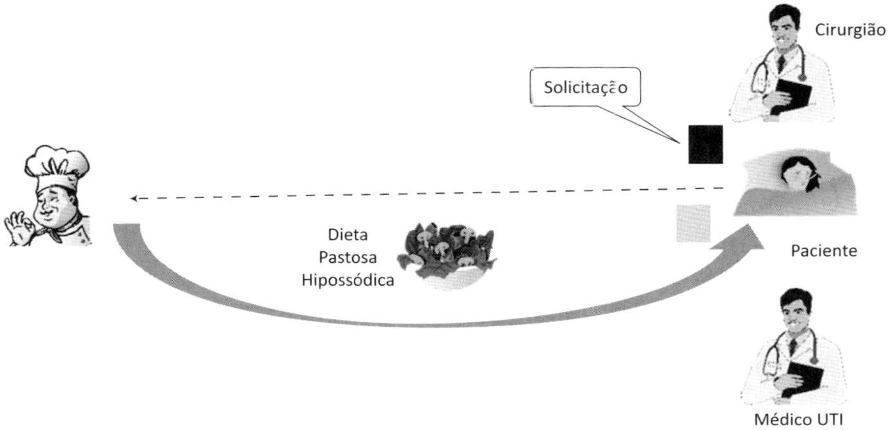

FIGURA 1.12 — ELIMINANDO OS INTERMEDIÁRIOS

- **Caminhos** — Os caminhos (fluxos) dos produtos e serviços devem ser **simples, diretos e pré-especificados**.

Caminhos Simples	Não contêm *loops*.
Caminhos Diretos	Não contêm *entrelaçamentos*.
Caminhos Pré-especificados	Devem ser padronizados previamente.

QUADRO 1.4 — CAMINHOS

Caminhos Simples (Não Contêm *Loops*)

Na figura a seguir, o produto ou serviço passa pela atividade A, pela atividade B, **retorna** para atividade A (loop) e depois segue para a atividade C.

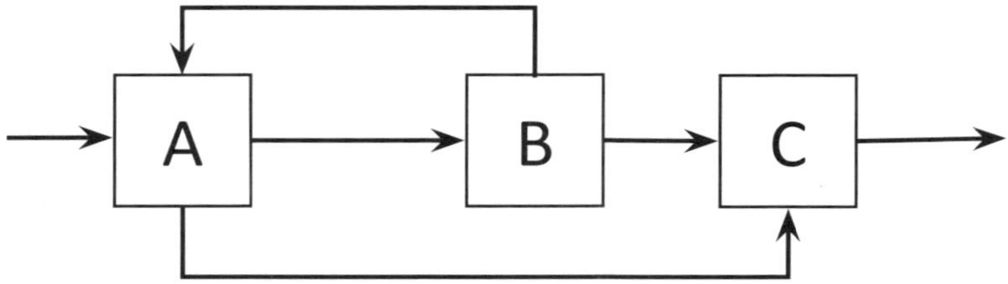

FIGURA 1.13 — CAMINHO CONTÉM UM LOOP ENTRE AS ATIVIDADES A E B

A aplicação dessa norma remove o loop (entre A e B). O fluxo fica conforme a figura a seguir:

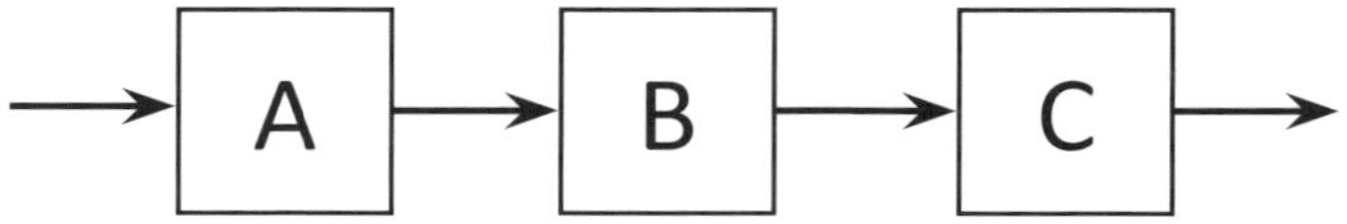

FIGURA 1.14 — CAMINHO SEM LOOPS

Exemplo Prático — *Loops*

A figura a seguir ilustra os recursos necessários à realização de um procedimento de hemodiálise. Os pacientes forneciam informações para preenchimento de prontuário na recepção. Em seguida, caminhavam até o consultório médico de onde, após consulta, retornavam para a recepção (1° loop). Mais tarde, caminhavam até o consultório do psicólogo, recebiam atendimento e retornavam para a recepção (2° loop). Depois, seguiam para o posto de enfermagem, recebiam medicamentos e, uma vez mais, retornavam para a recepção (3° loop). Por fim, seguiam para a sala de hemodiálise, onde finalmente realizavam o procedimento.

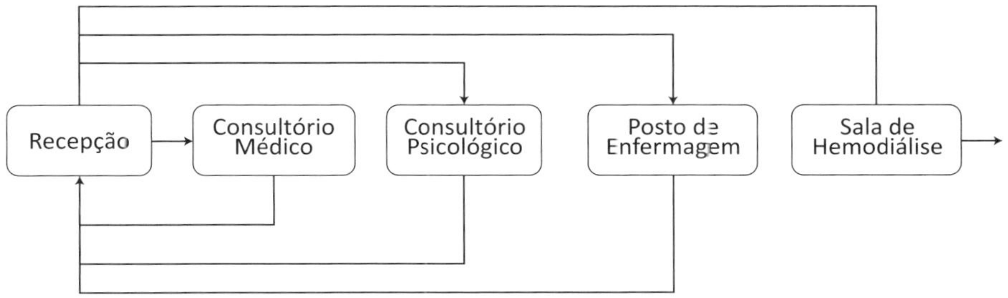

FIGURA 1.15 — FLUXO DO PROCEDIMENTO DE HEMODIÁLISE

É importante lembrar que um caminho com vários loops dificilmente será **simples**! A seguir, o diagrama de *Spaghetti* da movimentação dos pacientes na clínica.

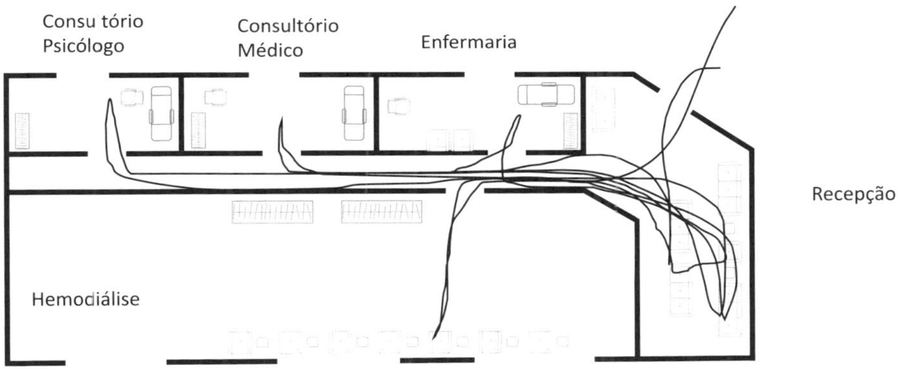

FIGURA 1.16 — FLUXO DO PROCEDIMENTO DE HEMODIÁLISE — CAMINHO COM LOOPS

A eliminação dos três loops — obtida através de salas multifuncionais — proporcionou:

- drástica redução da movimentação dos pacientes e, consequentemente, dos riscos envolvidos nesse processo (principalmente quedas);
- diminuição do tempo de espera dos pacientes;

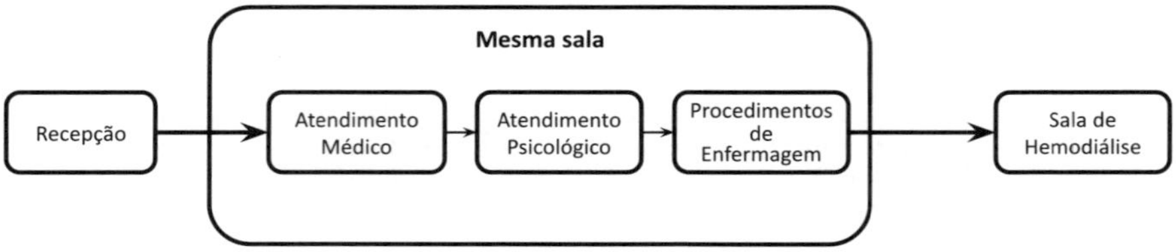

FIGURA 1.17 — FLUXO SEM LOOPS

Na figura a seguir, fica fácil notar a simplificação dos caminhos depois da eliminação dos loops:

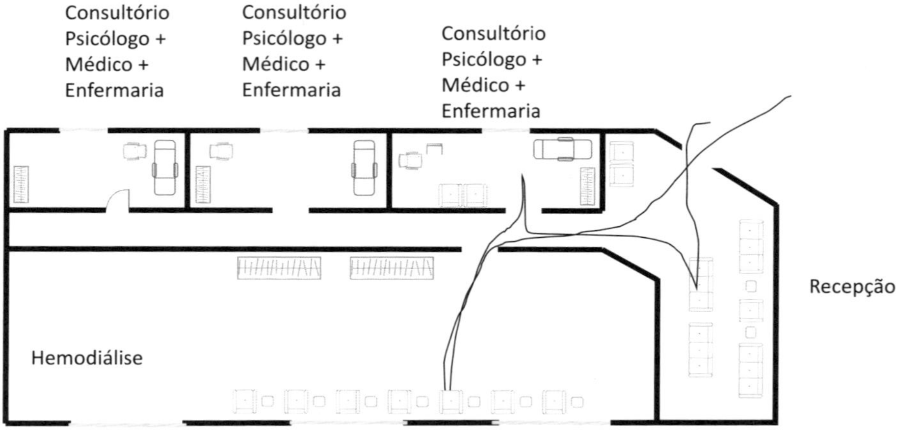

FIGURA 1.18 — CAMINHOS SEM LOOPS

Caminhos Diretos (Não Contêm *Entrelaçamentos*)

A figura a seguir representa **caminhos entrelaçados:** os recursos[17] do Processo II podem ser alimentados por dois recursos do Processo I e podem alimentar dois recursos do Processo III:

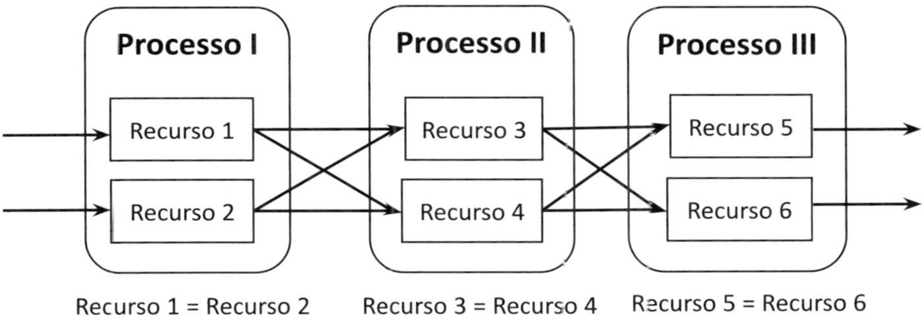

FIGURA 1.19 — RAMOS ENTRELAÇADOS ENTRE OS PROCESSOS I-II E II-III

Já no exemplo a seguir, não há entrelaçamentos, pois o **Recurso 1** do Processo I alimenta **somente** o **Recurso 3** do Processo II, que, por sua vez, alimenta **somente** o **Recurso 5** do Processo III.

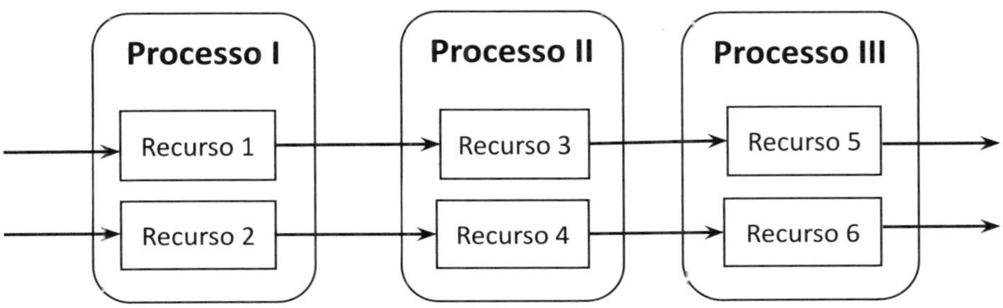

FIGURA 1.20 — NÃO HÁ RAMOS ENTRELAÇADOS

Caminhos Pré-especificados (Padronizados Previamente)

A figura a seguir representa o processo de fabricação de um de meus clientes: a Plásticos ABC.

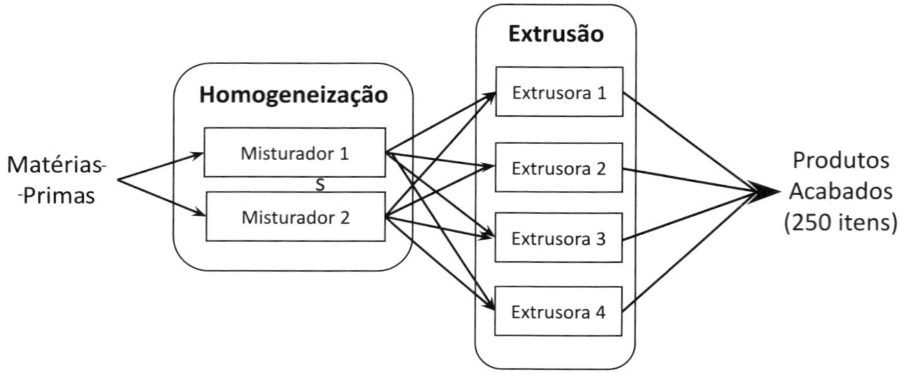

FIGURA 1.21 — PROCESSO DE FABRICAÇÃO DE PLÁSTICOS DE ENGENHARIA

Analisando-se o quadro a seguir, fica fácil perceber que os 250 produtos acabados — ou *Stocking Keeping Units* (SKU) — podiam ser fabricados em oito sequências diferentes:

Matéria-prima→	Misturador 1→ Extrusora 1→	Produto Acabado
	Misturador 1→ Extrusora 2→	
	Misturador 1→ Extrusora 3→	
	Misturador 1→ Extrusora 4→	
	Misturador 2→ Extrusora 1→	
	Misturador 2→ Extrusora 2→	
	Misturador 2→ Extrusora 3→	
	Misturador 2→ Extrusora 4→	

QUADRO 1.5 — POSSIBILIDADES DE FABRICAÇÃO

Essa aparente flexibilidade trazia várias desvantagens:

- Quando havia uma não conformidade no produto acabado, relacionada ao processo de fabricação, era impossível saber qual o caminho havia sido percorrido pela matéria-prima. Logo, o processo de solução de problemas ficava extremamente prejudicado.
- Problemas de *downtime* de máquinas não eram detectados de forma rápida. Por exemplo, se a Extrusora 1 não estava funcionando, o fluxo era direcionado para a Extrusora 2, num processo que não evidenciava os problemas.

A eliminação dos entrelaçamentos, os caminhos (fluxos) foram **pré-especificados**, como mostra a figura a seguir:

Extrusora 1	Extrusora 2	Extrusora 3	Extrusora 4
SKU 1	SKU 51	SKU 101	SKU 201
SKU 2	SKU 52	SKU 102	SKU 202
SKU 3	SKU 53	SKU 103	SKU 203
...	...	...	...
SKU 50	SKU 100	SKU 200	SKU 250

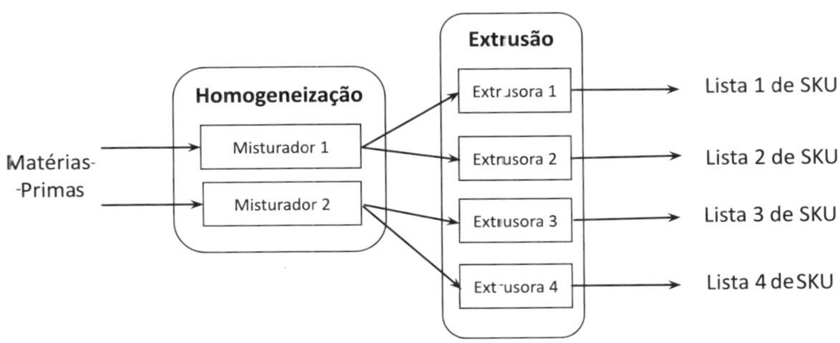

FIGURA 1.22 — CAMINHOS PRÉ-ESPECIFICADOS

Assim, a sequência de fabricação dos produtos da **Lista 1 de SKU** ficou:

MATÉRIA-PRIMA → MISTURADOR 1 → EXTRUSORA 1 → PRODUTO ACABADO

Essa norma diminui drasticamente o número de interações do sistema, facilitando a identificação de relações causa-efeito. **É importante notar também que um caminho (fluxo) por produto ou serviço não significa que cada caminho seja percorrido apenas por um único produto ou serviço.**

Em meus projetos, sempre que é pré-especificado um caminho, ouço: "Mas e se a máquina X quebrar?" Ou ainda, "E se o médico faltar?"

Uma possível resposta: a máquina quebra por que o caminho foi pré-especificado ou por que faltou manutenção?

Crença #2 — Todos devemos resolver problemas e promover a melhoria contínua — Normas

- Ciclo PDCA (Planejar, Desenvolver, Checar e Atuar)

O processo de solução de problemas e de melhoria são duas faces de uma mesma moeda:

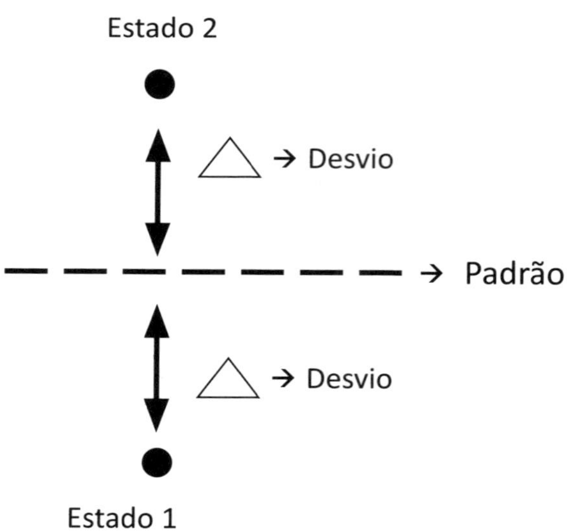

FIGURA 1.23 — SOLUÇÃO DE PROBLEMAS X MELHORIA (KAIZEN)

Ao eliminar-se as anormalidades que mantêm o sistema no Estado 1 — desempenho abaixo do padrão — executa-se um processo de solução de problema[18]. Analogamente, quando se deseja elevar o desempenho do sistema da situação padrão para o Estado 2, executa-se uma melhoria ou Kaizen.

Em ambos os casos, as pessoas da empresa Lean têm como norma a aplicação do Ciclo PDCA:

Planejar

- Definir o problema. Questões-chave: onde estamos, aonde gostaríamos de chegar?
- Entender o problema. Questões-chave: o que ocorre? Onde ocorre? Quando ocorre? Quantas vezes?
- Definir metas.
- Encontrar e comprovar as causas raiz. Questões-chave: Por quê? Portanto...
- Propor hipóteses. Questões-chave: Se... Então... **Contramedidas estão claramente definidas? (Veja Capítulo 9)**.

Desenvolver

- Executar o plano. Questões-chave: quem vai fazer? Quando vai fazer?

Checar (Comparar)

- Processo proposto com processo executado.
- Resultados obtidos com aqueles planejados.

Questões-chave: o que vamos checar? Como vamos checar? Quem vai checar? Com que frequência? O que estamos esperando encontrar? O que faremos com relação a isso?

Atuar (Ajustar)

- Se as metas foram atingidas, padronizar as contramedidas. Caso contrário, retornar ao início do ciclo.
- Reflexões — Comemorações — Verificar a abrangência.
- Questões-chave: o que aprendemos? Yokoten (Aprendizado Lateral). Onde podemos usar o que aprendemos?

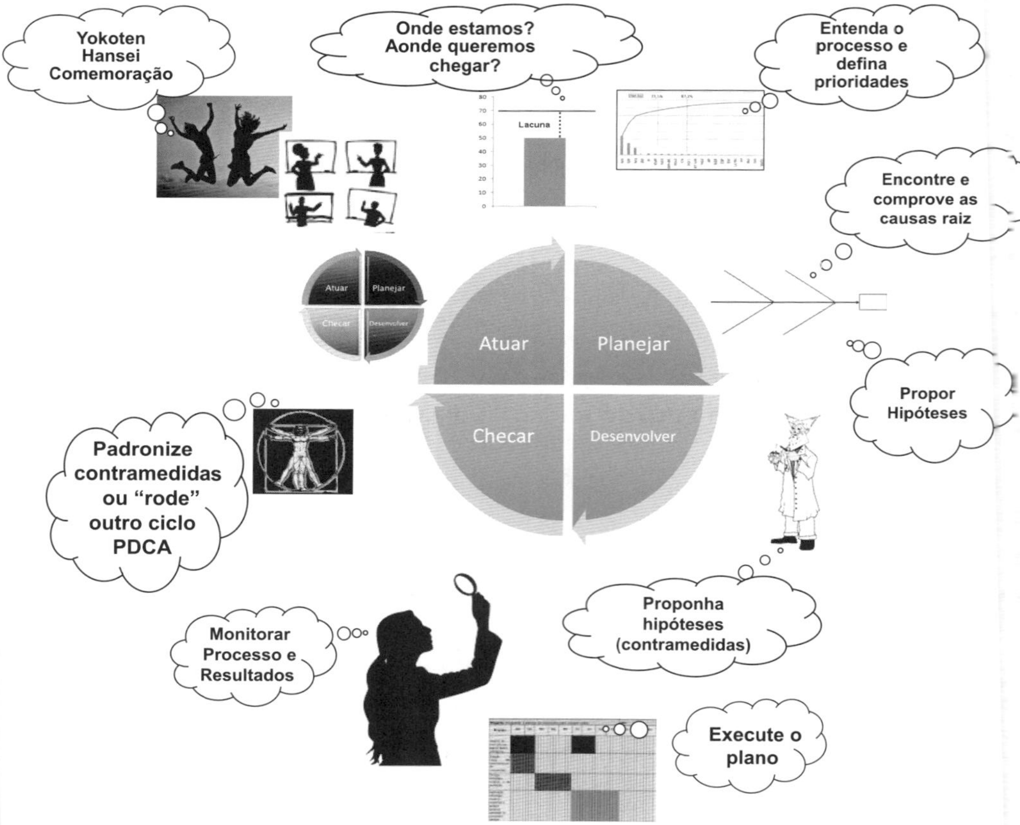

FIGURA 1.24 — CICLO PDCA

Hoshin Kanri

É muito comum, quando pergunto aos colaboradores de meus clientes qual a missão da organização ou do departamento onde trabalham, ouvir respostas do tipo: "Um momento, preciso ler meu crachá!", ou ainda "Posso pesquisar em nosso site, na internet?".

1. Em geral, as pessoas não conseguem sequer repetir a missão da organização onde trabalham! Apesar de tentador, gostaria de deixar claro que não atribuo esse fato à falta de memória ou desinteresse das pessoas, mas à extensão e à complexidade das frases que definem a missão e, principalmente, à falta de um sistema que permita que as diretrizes — após serem definidas pela alta direção da organização — sejam desdobradas através dos vários níveis da organização.
2. A falta do desdobramento adequado das diretrizes gera cenários em que departamentos de uma organização passam a funcionar como silos, enxergando suas tarefas como um fim em si mesmas e não um meio de atingir o propósito da organização.

Uma maneira simples de testar a existência e a qualidade do desdobramento é perguntar a um membro da equipe gestora de determinada organização como este pode garantir que as tarefas que sua equipe está executando **neste exato momento** estejam alinhadas com a missão do negócio. Ou ainda, como garantir que as melhorias em determinado processo conduzirão a organização ao ponto definido em sua visão?

Pois bem, para obter o alinhamento entre os objetivos estratégicos da organização e suas atividades diárias, as pessoas da empresa Lean utilizam o Hoshin Kanri[19] (também conhecido como desdobramento de estratégia). Nesse método, há a disseminação das diretrizes (visão — missão) da organização a partir do alinhamento (vertical) e integração (horizontal) dos planos gerenciais em todos seus níveis.

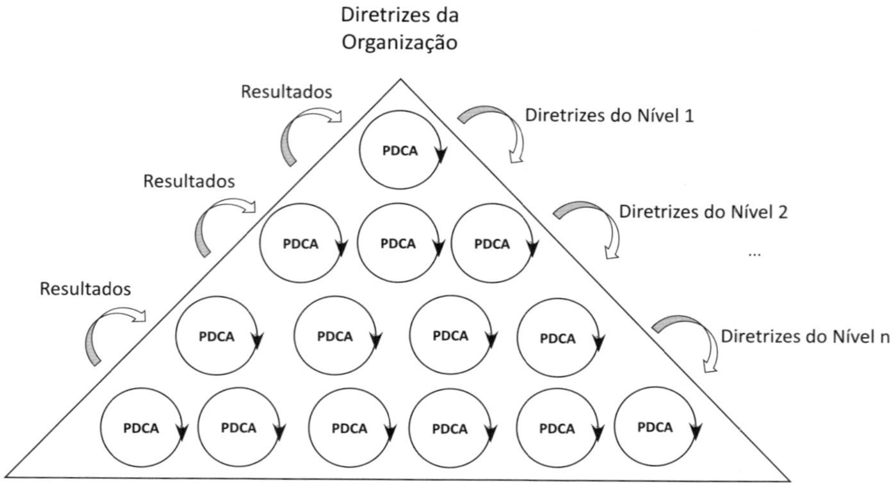

FIGURA 1.25 — DESDOBRAMENTO DE ESTRATÉGIA (HOSHIN KANRI)

Crença #3 — Devemos compartilhar o conhecimento gerado em processos de solução de problemas e melhoria contínua

Aprendizado Lateral (Yokoten)

A palavra-chave desse conceito é **adaptação.** O objetivo do Yokoten é fazer com que as pessoas da empresa Lean entendam como determinado tipo de problema foi resolvido e adaptem essa solução às suas necessidades. Fica claro então que as contramedidas tomadas nos processos de solução de problemas e melhoria (Kaizen) devem estar explícitas nesses documentos, pois é a partir dessas contramedidas que a equipe gerará novos *insights*.

Crença #4 — Líder = Mestre

LÍDERES DEVEM DISSEMINAR AS QUATRO CRENÇAS ENTRE OS MEMBROS DA EQUIPE — NORMA

Liderança Lean (*Lean Leadership*)

Se para gerenciar é necessário pensar, para liderar é necessário fazer outras pessoas pensarem!

DAVID VERBLE

Nas empresas Lean, o sucesso de um líder é medido através das realizações de sua equipe. As atribuições da liderança nessas empresas estão descritas na figura a seguir:

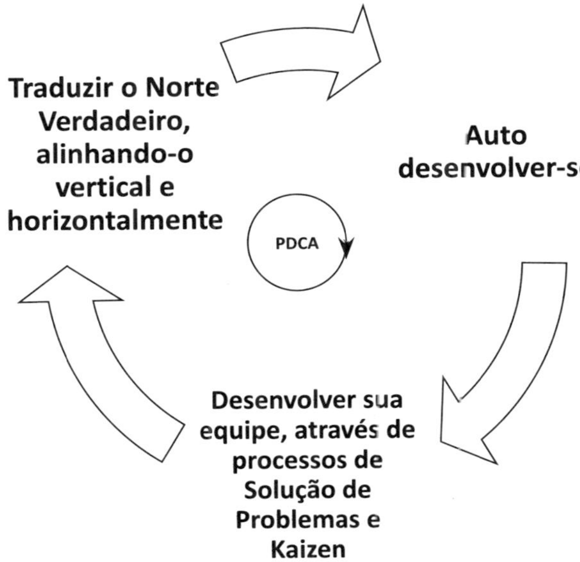

FIGURA 1.26 — MODELO DE DESENVOLVIMENTO DE LÍDERES

A predisposição para o autodesenvolvimento e a capacidade de desenvolver pessoas são características básicas de um líder Lean. Através dessas características e utilizando-se das habilidades de solução de problemas (Capítulo 7) e Kaizen (Capítulo 8), o líder será capaz de traduzir o norte verdadeiro da organização para seus liderados.

Nesse processo, o líder Lean deve apresentar:

- **Coragem**: para evidenciar problemas, desafiar a equipe e a si mesmo, formando uma visão de longo prazo.
- **Humildade**: para admitir que ninguém conhece melhor um trabalho do que aqueles que o executam e, portanto, são eles a maior fonte de informações.
- **Respeito:** aqui não se trata apenas de ter boas maneiras! Na empresa Lean, o líder que respeita sua equipe a desafia constantemente para o atingimento de metas audaciosas. Respeita também os valores, habilidades e modo de pensar dos integrantes de sua equipe.

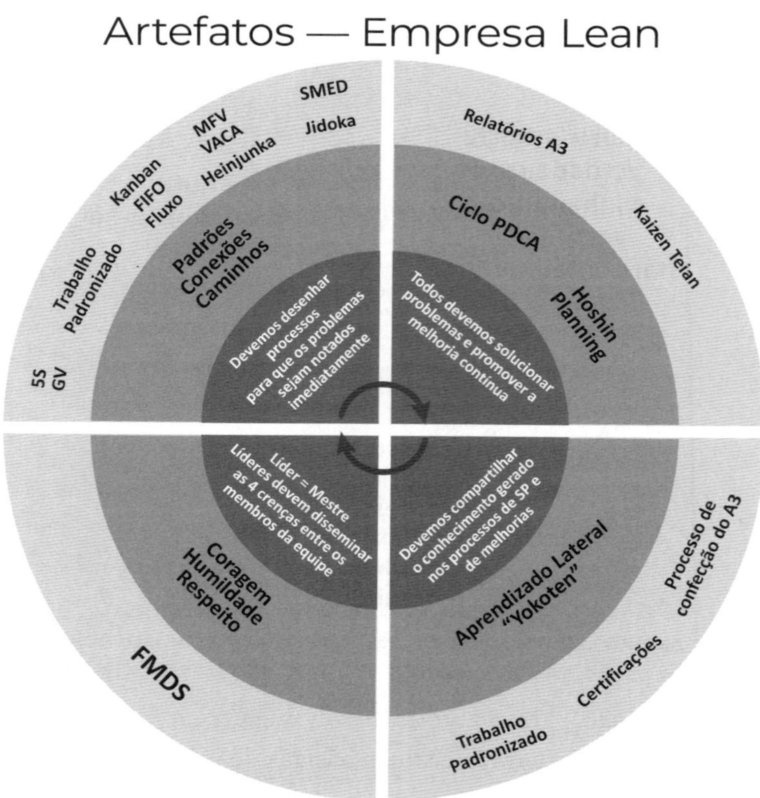

FIGURA 1.27 — ARTEFATOS DA CULTURA ORGANIZACIONAL LEAN

Essa figura mostra os vários artefatos da cultura Lean. Note que as técnicas populares do Lean Thinking são, na verdade, artefatos de uma cultura organizacional e, portanto, um meio e não um fim em si mesmas. Por exemplo, quando aplicamos a técnica 5S & Gestão visual, criamos um ambiente limpo e organizado cujo objetivo é evidenciar imediatamente as anormalidades — i.e., desvios do padrão — tais como vazamentos, por exemplo.

Agindo em conjunto, as crenças promovem um **círculo virtuoso** de disseminação e perpetuação da cultura de melhoria contínua (Figura 1.27): à medida que os problemas são detectados (Crença #1), são resolvidos de forma eficaz (Crença #2). O conhecimento gerado no processo de solução dos problemas é compartilhado entre os elementos das diversas equipes (Crença #3). Os líderes, ao desenvolver e disseminar as quatro crenças entre seus subordinados (Crença #4), realimentam o ciclo.

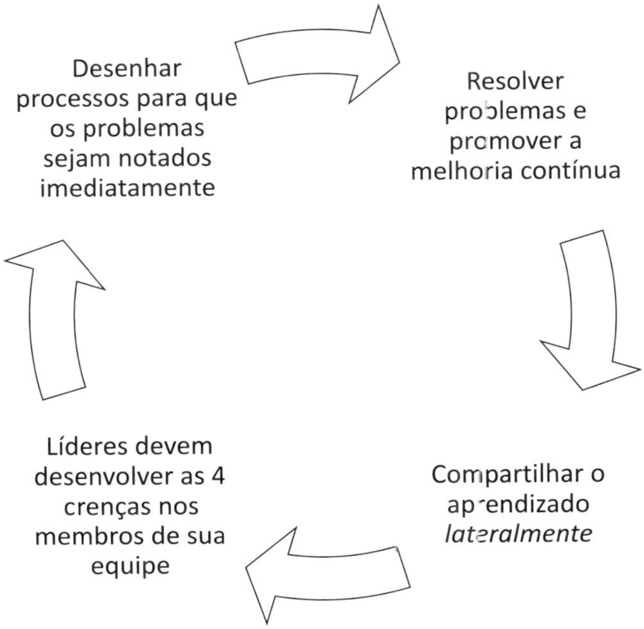

FIGURA 1.28 — CÍRCULO VIRTUOSO DE DISSEMINAÇÃO E PERPETUAÇÃO DA MELHORIA CONTÍNUA

O quadro a seguir fornece um resumo de como os artefatos abordados neste livro se relacionam com as respectivas crenças e normas:

Crenças	Normas	Artefatos	Capítulo
Devemos desenhar processos para que os problemas sejam notados imediatamente	Padrões Conexões Caminhos	5S & Gestão Visual	2
		Análise V.A.C.A.	3
		Trabalho padronizado	4
		Just In Time (Kanban, FIFO, Fluxo)	5
		Nivelamento (Heijunka)	6
Todos devemos resolver problemas e promover a melhoria contínua	Ciclo PDCA Hoshin Planning	Relatórios A3	7
		Kaizen Teian	8
Devemos compartilhar o aprendizado *lateralmente*	Yokoten	Kaizen e A3 *Boards* (5S & Gestão Visual)	2
Líder = Mestre Líderes devem desenvolver as 4 Crenças nos membros de sua equipe	Coragem Humildade Respeito	Floor Management Development System	10

QUADRO 1.6 — ARTEFATOS DA CULTURA ORGANIZACIONAL LEAN

Importante!

O leitor mais atento notará que alguns dos artefatos da Figura 1.28 **não** foram relacionados no Quadro 1.6.

Seguem sugestões de textos com conteúdo sobre esses temas:

Artefato	Livro
Mapeamento de Fluxo de Valor	ROTHER, Mike; SHOOK, John. *Aprendendo A Enxergar — Mapeando o Fluxo de Valor para Agregar Valor e Eliminar o Desperdício*. Lean Institute Brasil, 2003.
Jidoka, veja Capítulo 3 (meu amigo Renato Kitazuka e eu, falamos sobre o **Jidoka**)	OBARA, Samuel; WILBURN, Darril. *Toyota by Toyota: Reflections from the Inside Leaders on the Techniques That Revolutionized the Industry*. CRC Press. Estados Unidos, 2015.
SMED (Single Minute Exchange of Dies)	SHINGO, Shigeo. *Sistema de Troca Rápida de Ferramenta*. Bookman. Brasil, 2000.

QUADRO 1.7 — SUGESTÕES

PARTE 2

CAPÍTULO 2

5S & Gestão Visual

Para deixar seu local de trabalho limpinho,
use uma vassoura e não os 5S!

Propósito do Artefato

Talvez o propósito dos 5S & Gestão Visual — dentre todos os artefatos — seja o mais mal compreendido. A frase acima resume perfeitamente esse engano! Muitos confundem o artefato com limpeza e organização, chegando ao ponto de usar 5S como sinônimo desses termos: "Vou fazer um 5S na minha mesa de trabalho!" (Ou em meu guarda-roupas, gavetas etc.)

Contudo o propósito desse artefato é único: **tornar os problemas visíveis imediatamente** (Crença #1). Limpar e organizar o Gemba nada mais são do **que meios para que os problemas sejam visualizados rapidamente:** se o Gemba está sujo e desorganizado, fica muito difícil a identificação dos problemas!

Entendendo o Artefato

Normalmente, inicio uma implantação do Lean Thinking pela disseminação dos conceitos do 5S & Gestão Visual, em função desse artefato apresentar uma relação custo-benefício extremamente favorável. Com baixíssimos investimentos, é possível aumentar significativamente a produtividade dos processos. Os S vêm de palavras em japonês:

Japonês	Português	Definição	Frase-chave	Elimina
Seiri	**Selecionar**	Separar os itens necessários dos não necessários às atividades	Na dúvida, elimine	Superprodução e inventário
Seiton	**Retirar**	Retirar tudo aquilo que não é necessário	Mantenha nas proximidades, itens de uso frequente	Movimento e transporte
Seiso	**Limpar**	Criar um ambiente livre de sujeira e **desperdícios**	Melhor que limpar é não sujar	Espera, defeitos, inventário e superprodução
Seiketsu	**Padronizar**	Disponibilizar o necessário nos locais de utilização	Um lugar para cada coisa, cada coisa em seu lugar	Movimento, defeitos e inventário

QUADRO 2.1 — RESUMO DE QUATRO DOS 5S & GESTÃO VISUAL

O 5º S é de **Shitsuke**, que significa Manter. Alguns, também traduzem por senso de disciplina.

Segundo o Floor Development Management System[1] (FMDS), sistema de gerenciamento e desenvolvimento de processos adotado pela Toyota, no Gemba **há** três pontos que se movem, isto **é, variam:**

- os objetos;
- o trabalho (as pessoas);
- os indicadores gerenciais.

Assim, costumo dividir os artefatos da gestão visual em dois grandes grupos:

- Gestão Visual do Ambiente de Trabalho: conjunto de artefatos que garante a padronização do Gemba, no que se refere aos *objetos*.
- Gestão Visual de Performance: conjunto de artefatos que garante a padronização do Gemba, no que se refere aos indicadores gerenciais.

O leitor mais atento também observará que:

- Os 5S & Gestão Visual muitas vezes invadem o espaço de outros artefatos. Por exemplo, o FMDS faz amplo uso de elementos dos 5S & Gestão Visual para identificar anormalidades (problemas) de forma instantânea (Crença #1).
- Há várias metodologias, tais como o Agile, que se utilizam da Gestão Visual como parte de seu arsenal. Contudo lembre-se: a parte não pode funcionar corretamente fora do todo!

Exemplos de Aplicação — Vários segmentos

Diferentemente dos demais capítulos, não narrarei um único caso de implantação, mas vários exemplos de como o artefato foi usado em clientes.

Evidenciar Máquinas com Problema — Agronegócio

Diariamente, no início de cada turno, os operadores de máquinas, auxiliados por instruções de trabalho, checam as condições dos equipamentos. Caso encontrem problemas, amarram uma fita laranja no espelho retrovisor do equipamento. Ao visualizar a máquina com a fita, o supervisor entra em contato com o seu ocupante, entende o que está errado e, caso seja necessário, solicita peças de reposição para a manutenção, no escritório central da fazenda. Dessa forma, é possível programar a manutenção e preparar o time da oficina.

FIGURA 2.1 — EVIDENCIANDO PROBLEMAS

Processo Atrasado ou Adiantado? — Agronegócio

Primeiramente, é importante lembrar que sempre que se fala de processos enxutos, deve-se ter em mente que estes **devem** ter a capacidade de mostrar instantaneamente se estão **atrasados ou adiantados**, em relação a um padrão. Para fazê-lo de forma barata, os colaboradores da empresa de colheita e plantio mecanizados de cana-de-açúcar definiram quantos caixotes de mudas de cana (veja a foto 2.1a) são necessários para o plantio de um hectare (a área de um campo de futebol). Então, em vez de medirem a área plantada, passaram contar o número de caixotes plantados. Dessa forma, ficou mais fácil acompanhar a produção e saber se o processo está atrasado ou adiantado, bastando comparar o número de caixotes de mudas de cana planejados com os caixotes efetivamente plantados. Esse controle é feito **hora a hora**!

Portanto é possível parar o processo e atuar nos problemas (anormalidades), praticamente, assim que esses ocorrem! (Figuras 2.2a e 2.2b). Os mais atentos notarão que estamos praticando o Jidoka[2]!

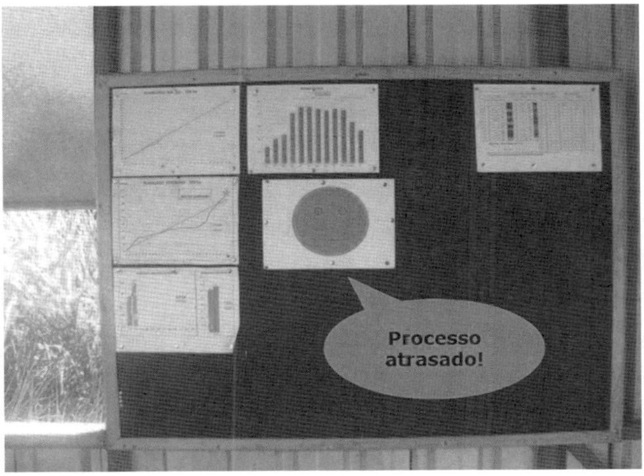

FIGURA 2.2A — ATRASADO OU ADIANTADO?

FIGURA 2.2B — IDENTIFICAÇÃO DE ANORMALIDADES

Escritório de Engenharia

Os 5S & Gestão Visual ajudam a criar um ambiente de trabalho (Gemba) que evidencia problemas imediata e intuitivamente, como, por exemplo, neste armário que armazena normas técnicas:

FIGURA 2.3 — UM PROBLEMA É UM DESVIO DE UM PADRÃO

As faixas coloridas identificam a ordem e a prateleira onde as pastas devem ser guardadas.

Corretora de Seguros

Os 5S & Gestão Visual permitem a rápida implantação de soluções, com baixíssimo custo:

FIGURA 2.4 — SIMPLICIDADE

Essa figura mostra um quadro de gestão visual de acompanhamento de confecção de propostas de seguros de automóveis. Cada vez que a proposta tem seu status alterado, o post-it® é movimentado.

Auditorias — Vários segmentos

Apesar de serem um desperdício[3] de processamento, as **auditorias são imprescindíveis para a perpetuação** não só de um bom 5S & Gestão Visual, mas também de todo o Lean Thinking. O sistema Kamishibai é um meio rápido e eficaz de auditar os processos. Kamishibai significa "Teatro de Papel" e era utilizado pelos japoneses, no século XIX, para contar estórias para crianças através de cartões ilustrados.

O sistema Kamishibai é composto por cartões preenchidos com perguntas sobre diversos temas, tais como segurança, 5S & Gestão Visual, Trabalho Padronizado, ISO 9001 etc. Diariamente, colaboradores escolhem um cartão — **de forma aleatória** — e auditam os sistemas, conforme as perguntas nele contidas.

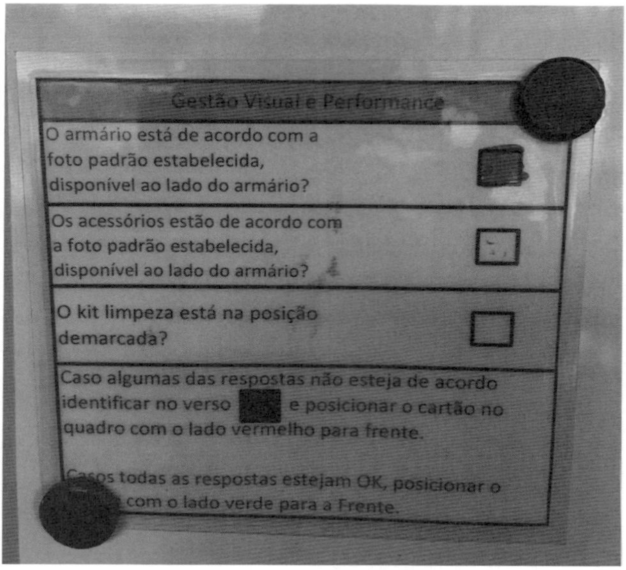

FIGURA 2.5 — CARTÃO KAMISHIBAI

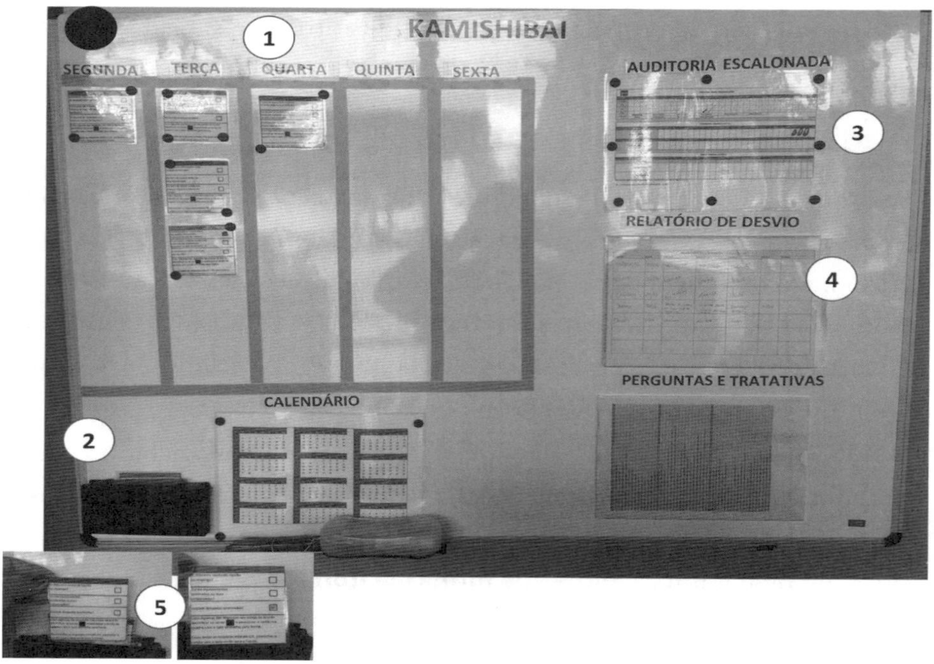

FIGURA 2.6 — QUADRO KAMISHIBAI

Na Figura 2.6, pode-se notar:

1. Quadro Kamishibai;
2. Depósito de cartões Kamishibai;
3. Cronograma de auditorias;
4. Relatório com o histórico de desvios encontrados;
5. Um mesmo cartão tem duas faces: verde (ok) — vermelho (não ok).

Os quadros Kamishibai **são posicionados em pontos estratégicos, cobrindo vários processos do** Gemba.

Processos Make To Order[4] — Ferramentaria

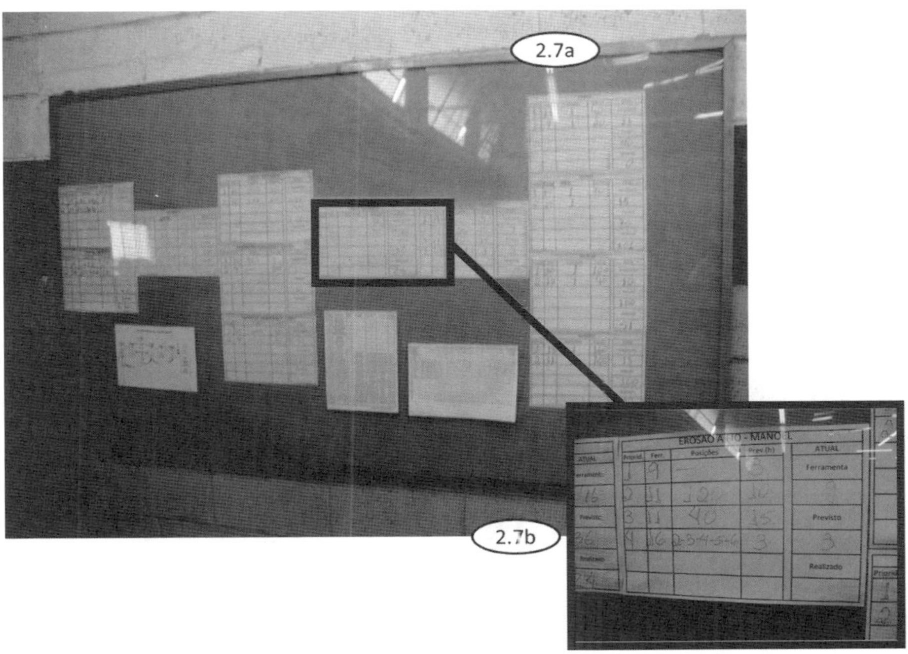

FIGURA 2.7 — GESTÃO VISUAL DE PROCESSOS MAKE TO ORDER

A visualização da fila, antes de cada recurso, auxilia na gestão do processo:

- Caminhos e gargalos (2.7a): representa as filas, em dias, de todos os processos do fluxo.
- No recurso em detalhe (erosão a fio), há uma fila de 31 horas (3 + 10 + 15 + 3). Logicamente, um novo item deverá *esperar* esse tempo para começar a ser processado (2.7b).

A equipe utiliza esse quadro como elemento de sua reunião diária de acompanhamento e solução de problemas.

Quadro Day By Hour — Envase de Produtos Químicos

Em processos Make To Order, Working In Progress (WIP) antes de cada recurso deve ser *visualizado*. Quadros Day by Hour facilitam essa visualização e a programação do recurso.

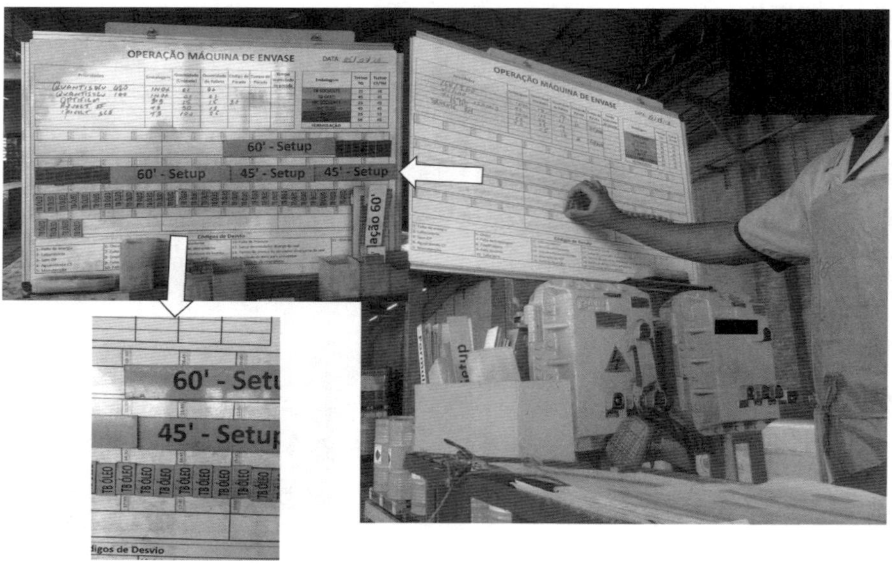

FIGURA 2.8 — QUADRO DAY BY HOUR

Quadro de Kaizen & A3 de Solução de Problemas (Yokoten)

Conforme foi exposto no primeiro capítulo, o Yokoten — aprendizado lateral — é a norma da Crença #3, que diz que **devemos compartilhar o conhecimento gerado em processos de solução de problemas e melhoria contínua**. A maneira mais fácil e intuitiva de fazê-lo é através de quadros que mostram os Kaizen e os A3 Solução de problemas[5].

As Figuras 2.9 a 2.11 mostram exemplos de quadros de Yokoten, em diferentes segmentos de negócio.

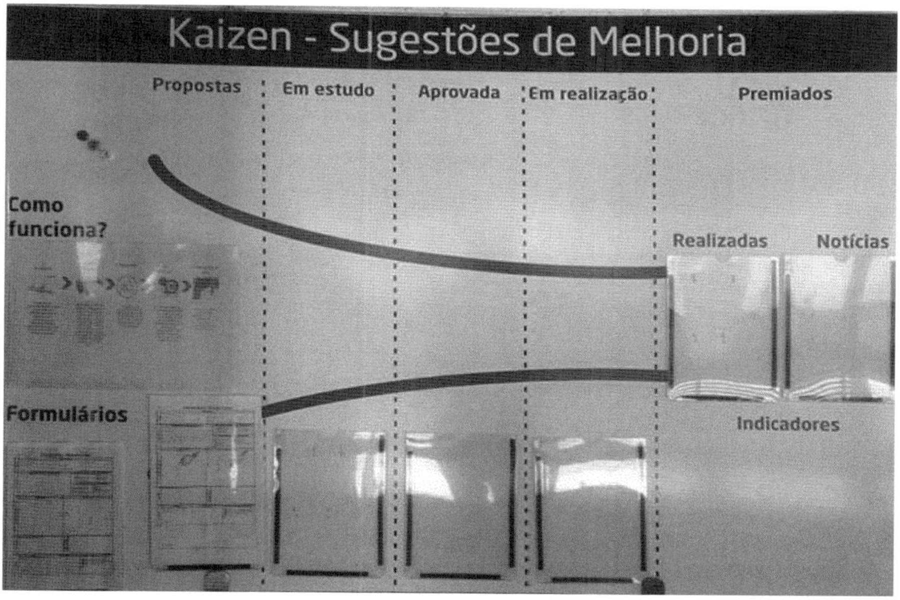

FIGURA 2.9 — QUADRO DE YOKOTEN DE KAIZENS (INDÚSTRIA)

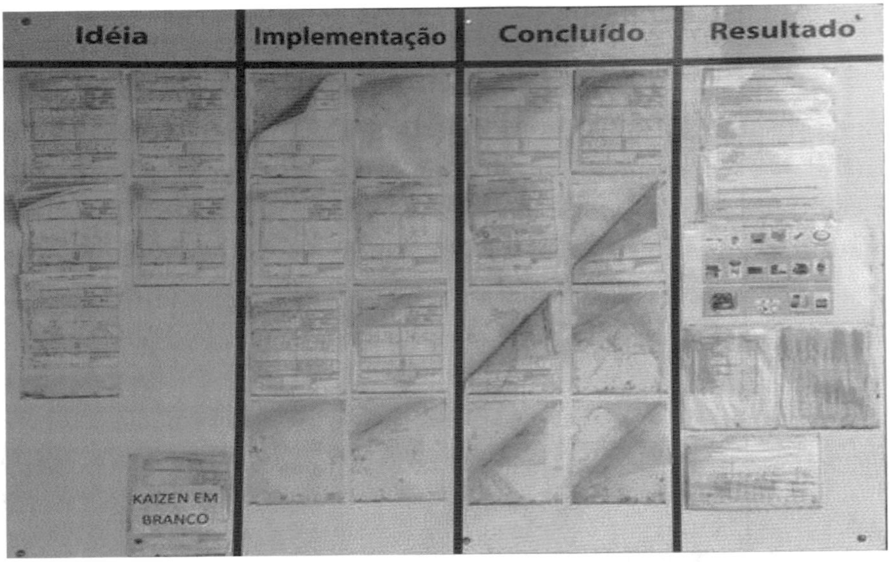

FIGURA 2.10 — QUADRO DE YOKOTEN DE KAIZENS (PLANTIO E COLHEITA DE CANA-DE-AÇÚCAR)

FIGURA 2.11 — QUADRO DE YOKOTEN DE A3 DE SOLUÇÃO DE PROBLEMAS (LOGÍSTICA)

Padrão de Aceitação — Lavanderia Industrial

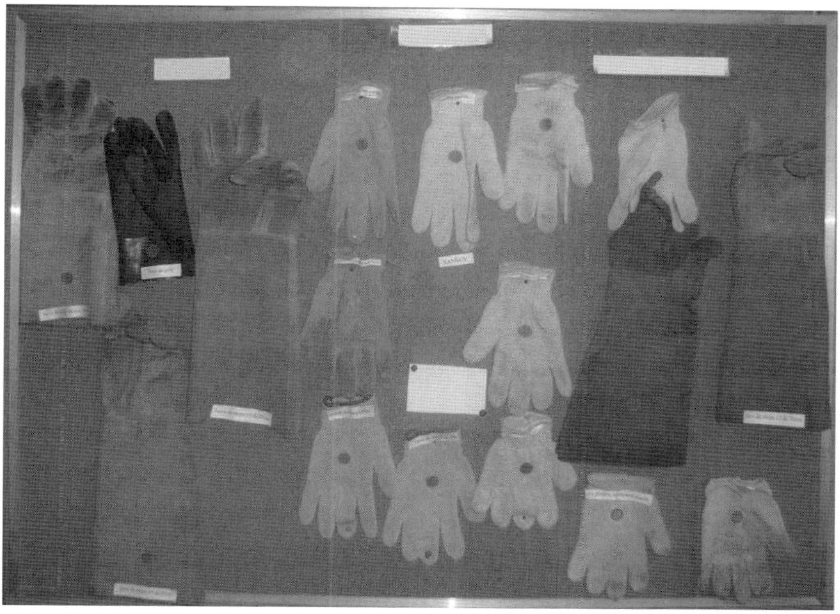

FIGURA 2.12 — QUADRO DE *ACEITAÇÃO* DE LUVAS (LAVANDERIA INDUSTRIAL)

A Gestão Visual elimina a necessidade da redação de procedimentos. A Figura 2.12 mostra um quadro de um prestador de serviços de lavação de Equipamentos de Proteção Individual (EPI). Entre outras obrigações, a equipe da lavanderia deve separar luvas que não estão mais em condições de uso.

SISTEMA PUXADO — FABRICAÇÃO DE CARRETAS

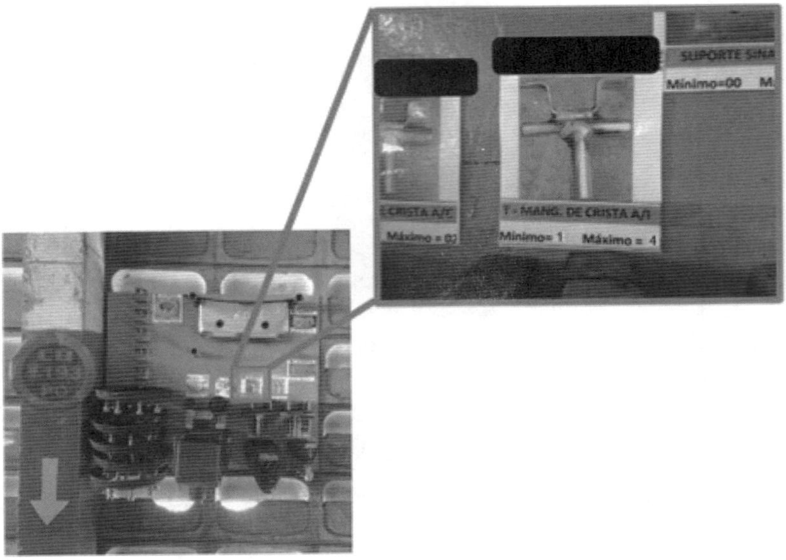

FIGURA 2.13 — GESTÃO VISUAL DA CONEXÃO

O processo fornecedor (solda) inicia a fabricação do T da mangueira cristal, quando o estoque desse item for igual a uma unidade. A utilização de quadros como o da Figura 2.13 eliminou a necessidade de programadores de produção.

Armadilhas

- Subestimar a importância que os 5S & Gestão Visual têm para o Lean Thinking.
- Sofisticar os 5S & Gestão Visual. Artefatos não podem ser um fim e si mesmos! Na dúvida, simplifique.
- Não realizar auditorias frequentes. Quanto mais auditorias forem realizadas, mais rápido o sistema se consolidará.

CAPÍTULO 3

Análise V.A.C.A.

A única coisa que estamos fazendo é diminuir o Lead time, eliminando os desperdícios.

TAIICHI OHNO

Propósito do Artefato

Quer seja em organizações em que todo o trabalho é eminentemente administrativo (seguradoras, corretoras de seguros, escritórios contábeis, bancos etc.), ou ainda nas atividades administrativas de departamentos que suportam as atividades fim de empresas de outros segmentos, tais como recursos humanos, financeiro, contabilidade, compras etc., sempre haverá a necessidade de processos enxutos. Como primeiro passo para atingir esse objetivo, utiliza-se a análise V.A.C.A.[1] (pronuncia-se VêACêA) que evidencia os desperdícios (Crença #1) presentes nas várias etapas desses processos.

Entendendo o Artefato

Antes de falar sobre a análise V.A.C.A., é importante lembrar a definição de um processo:

> *Conjunto de* **atividades** *realizadas numa sequência predefinida que, a partir de entradas vindas de* **fornecedores** *e utilizando recursos pré-definidos, tem por objetivo gerar um produto ou serviço* **(saída)** *para um grupo específico de* **clientes**. *Para monitorar esse processo, são definidas métricas.*

Também pode-se representar um processo, através de um diagrama SIPOC:

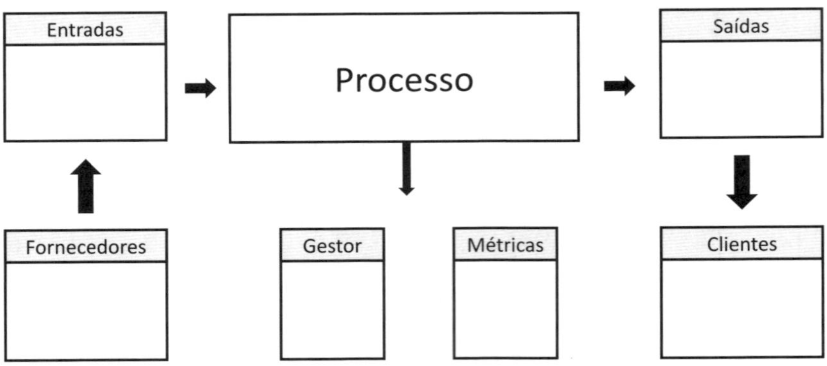

FIGURA 3.1 — DIAGRAMA SIPOC

Em que:

- **fornecedores (*suppliers*):** elementos (pessoas, organizações, departamentos) internos e externos que fornecem as entradas;
- **entradas (inputs):** materiais e componentes, especificações de serviços, relatórios, documentos etc.;
- **processo (process):** fluxo de valor;
- **saídas (outputs):** produtos acabados, relatórios, planilhas, serviços prestados;

- **clientes (clients):** elementos internos e externos (pessoas, organizações, departamentos) que recebem as saídas;
- **métricas:** indicadores gerenciais de desempenho do processo.

Importante: um processo não é um departamento! Há raros casos em que todas as atividades de um processo são executadas exclusivamente por elementos de um único departamento. Veja a figura a seguir:

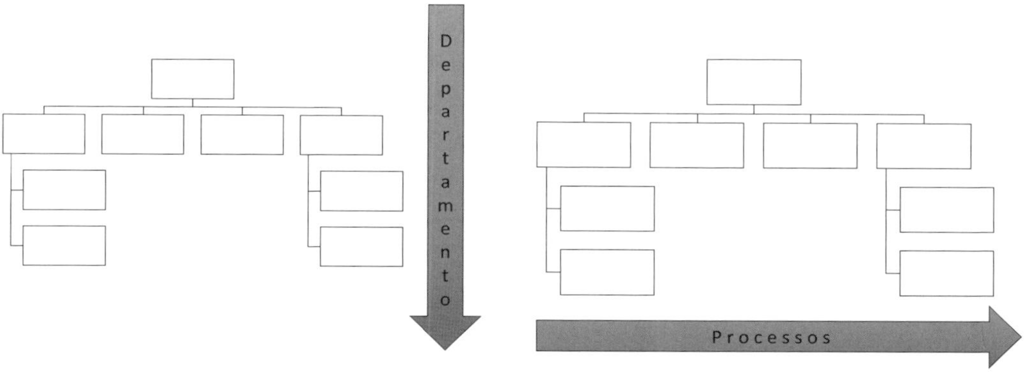

FIGURA 3.2 — DEPARTAMENTO X PROCESSOS

Lembre-se que são os processos e não os departamentos que geram o valor desejado pelo cliente.

Utilizando a Análise V.A.C.A.

O primeiro passo para a aplicação do Lean em rotinas administrativas é definir os elementos de seu diagrama SIPOC (nesta ordem):

- clientes;
- saídas;
- entradas;
- fornecedores;
- métricas (valor atual e valor objetivo);
- gestor.

Inicia-se a construção do diagrama pela definição dos clientes — que podem ser externos ou internos —, pois estes definem o que é valor[2]. O passo seguinte é representar graficamente[3] o fluxo de valor e, em paralelo, aplicar a análise V.A.C.A., que consiste em estudar de forma **qualitativa** cada atividade de um processo, efetuando as perguntas que seguem:

V	É **valuable**? A atividade agrega valor de acordo com a ótica do cliente? Se não, simplesmente devemos eliminá-la. Por outro lado, se a atividade não agrega valor, **porém** é imprescindível para o processo, devemos torná-la o mais enxuta possível.
A	É **adequate**? A atividade está sendo executada com os meios adequados? Se não estamos utilizando recursos e/ou métodos adequados, provavelmente teremos **desperdícios**[4] de retrabalho e/ou de movimento (procurar relatórios ou registros num arquivo ou computador desorganizado, caminhar para chegar ao local de armazenamento etc.).
C	É **capable**? A atividade é capaz? Uma atividade ou processo capaz **tem a propriedade de gerar os resultados esperados em detrimento de quem, quando e quantas vezes a executa.** Na estatística, a capabilidade de um processo é representada por **Cpk**. A baixa capabilidade é uma característica de processos com padronização precária. Processos com baixa capabilidade são instáveis e geram desperdícios de espera, movimento e, principalmente, defeito e retrabalho.
A	É **available**? A atividade gera espera? Se um processo não está disponível quando necessário e/ou tem um tempo de ciclo (= tempo de execução) muito longo, gerará desperdícios de espera, superprodução, movimento e/ou processamento. É um sintoma de processos com fluxos de trabalho desbalanceados, inexistência de pessoal de backup para aprovações de documentos etc.

QUADRO 3.1 — ANÁLISE V.A.C.A.

À medida que as atividades são analisadas, recebem os seguintes **conceitos:**

Variável		Conceito
Valuable	●	Atividade agrega Valor
	○	Atividade agrega valor, mas não pode ser eliminada
	X	Atividade não agrega valor e deve ser eliminada
Adequate Capable Available	●	Bom
	△	Pode melhorar
	X	Ruim

QUADRO 3.2 — CONCEITOS

Os conceitos são então registrados na matriz de análise V.A.C.A., juntamente com os respectivos tempos de execução e de espera de cada atividade:

Atividade	V	A	C	A	Problema(s)	Espera hh:mm:ss	Execução hh:mm:ss
Atividade 1	●	X	X	●	Problema atividade 1	0:05:00	0:04:00
Atividade 2	X	--	--	--	Problema atividade 2	1:00:00	0:02:00
Atividade 3	○	●	●	X	Problema atividade 2	16:00:00	0:05:00

QUADRO 3.3 — MATRIZ ANÁLISE V.A.C.A — ESTADO ATUAL

Veja como a matriz do Quadro 3.3 pode ser interpretada:

- Atividade 1:

Variável	Conceito	Observações
Valuable	●	Agrega valor para o processo
Adequate	X	Não está sendo executada com recursos adequados (software, procedimentos etc.)
Capable	X	Não gera resultados esperados, independentemente do tempo e da demanda. Por exemplo, quando o responsável está de férias, há problemas
Available	●	Não gera espera significativa
Espera	A atividade gera uma espera de cinco minutos, isto é, as informações "esperam" cinco minutos antes de começarem a ser processadas pela atividade	
Execução	Atividade tem um tempo de execução de quatro minutos	

QUADRO 3.4 — ATIVIDADE 1

- Atividade 2:

Variável	Conceito	Observações
Valuable	X	Não agrega valor para o processo (deve ser eliminada)
Adequate	--	Uma vez que definimos que a atividade não agrega valor e deve ser eliminada, não faz sentido analisar as demais variáveis
Capable	--	
Available	--	
Espera	A atividade gera uma espera de uma hora, isto é, as informações "esperam" uma hora antes de começarem a ser processadas pela atividade	
Execução	Atividade tem um tempo de execução de dois minutos	

QUADRO 3.5 — ATIVIDADE 2

- Atividade 3:

Variável	Conceito	Observações
Valuable	○	Atividade **não** agrega valor para o processo, porém não pode ser eliminada. Por exemplo, reuniões de acompanhamento de projetos
Adequate	●	Atividade está sendo executada com recursos adequados (software, procedimentos etc.)
Capable	●	Atividade gera resultados esperados, independentemente do tempo e da demanda
Available	X	Não gera espera, significativa
Espera	A atividade gera uma espera de 16 horas, isto é, as informações "esperam" 16 minutos antes de começarem a ser processadas pela atividade	
Execução	Atividade tem um tempo de execução de cinco minutos	

QUADRO 3.6 — ATIVIDADE 3

Por fim, se somarmos os valores das colunas tempo de execução e tempo de espera, teremos, respectivamente:

- $\text{Total}_{\text{execução}}$ = 11 minutos
- $\text{Total}_{\text{espera}}$ = 17 horas e 5 minutos

Uma vez analisado o estado atual, deve-se propor contramedidas para minimizar e até mesmo eliminar os problemas identificados, propondo, assim, o estado futuro mais enxuto[5]:

					Estado Atual		
Atividade	**V**	**A**	**C**	**A**	**Espera**	**Execução**	**Contramedidas**
Atividade 1	●	●	●	△	0:05:00	0:04:00	O quê, quem, quando
Atividade 2	X	--	--	--	0:00:00	0:00:00	O quê, quem, quando
Atividade 3	○	●	●	△	0:45:00	0:05:00	O quê, quem, quando

QUADRO 3.7 — MATRIZ ANÁLISE V.A.C.A. — ESTADO FUTURO

Uma vez mais, soma-se os tempos de execução e espera:

- $Total_{execução}$ = 9 minutos
- $Total_{espera}$ = 50 minutos

No exemplo, obteve-se uma redução do *lead time* igual a 16 horas e 17 minutos:

- 2 minutos no tempo de execução
- 16h15 minutos na espera

Exemplo de Aplicação — Escritório de Contabilidade[6]

Para ilustrar e fixar os conceitos discutidos até o momento, narrarei a experiência na aplicação da análise V.A.C.A., na Contábil XYZ. À época, o escritório de contabilidade tinha cinquenta funcionários e tinha como principais clientes médicos e dentistas. Estes são profissionais que, **mensalmente**, devem pagar o DARF[7] do Carnê Leão[8], cujo valor é obtido informando-se a base de cálculo do imposto a um software da Receita Federal. O valor da base de cálculo é obtido processando-se os lançamentos do livro-caixa[9] de cada consultório, que contém:

- registro de todos os recebimentos originados de pessoas físicas; e
- registro de todos os pagamentos efetuados (despesas relativas à folha de pagamento, aquisição de itens para consumo, tais como material de escritório, de limpeza e de produtos de qualquer natureza usados e consumidos nos tratamentos).

Receitas e despesas devem ser comprovadas através de documentação (recibos e notas fiscais) enviada ao escritório de contabilidade **mensalmente**. O proprietário do escritório estava muito preocupado, pois, com o crescimento do número de clientes atendidos, houve sérios problemas:

- 5,2% dos DARFs estavam sendo entregues após o prazo de vencimento;
- 2,5% dos DARFs apresentaram erros de no valor do imposto apurado.

Juntamente com a equipe de melhoria contínua do escritório, decidimos aplicar a análise V.A.C.A. para resolver esses problemas.

Diagrama SIPOC — Escritório de Contabilidade

Primeiramente, foi criado o digrama SIPOC do processo:

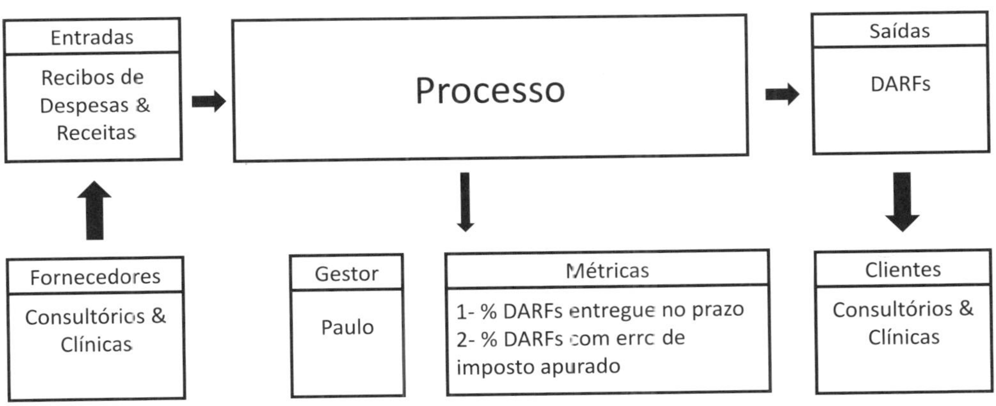

Métrica	Valor Atual	Objetivo
% DARFs entregue no prazo	5,25%	0
% DARFs com erro de imposto apurado	2,5%	0

FIGURA 3.3 — DIAGRAMA SIPOC EMISSÃO DE DARF CARNÊ LEÃO

Em seguida definiram-se:

As métricas do processo:

- %DARFs entregues após vencimento;
- %DARFs com erros no valor do imposto apurado.

Os valores atuais:

- %DARFs entregues após vencimento = 5,2%;
- %DARFs com erros no valor do imposto apurado = 2,5%.

Os valores objetivos:

- %DARFs entregues após vencimento = 0%;
- %DARFs com erros no valor do imposto apurado = 0%.

Importante:

- No diagrama de SIPOC, nota-se que os consultórios são, **simultaneamente,** clientes e fornecedores. Esse é um fato comum em organizações de prestação de serviços.
- Ao aplicar-se as técnicas Lean, deve-se sempre ter em mente a pergunta: "Qual problema queremos resolver?" Para tanto, deve-se criar um *gap* entre o valor atual e o valor objetivo das métricas do processo (veja Capítulo 7).

Mapeando o Fluxo de Valor

Juntamente com a equipe de melhoria contínua, reunimo-nos com os colaboradores do escritório responsáveis pela execução das tarefas do processo e pedimos que estes relatassem as atividades necessárias à emissão dos DARFs.

Até o quinto dia útil, **são enviados e-mails a todos os clientes** solicitando que sejam remetidos os recibos de despesas do mês anterior (5 minutos/e-mail). A partir do dia 6, à medida que os recibos chegam ao escritório, são **guardados em pastas específicas** de cada cliente (30 segundos/recibo). Entre os dias 14 e 18 (quando normalmente já foram recebidos **todos** os documentos), os recibos são **retirados das pastas** (40 segundos/recibo), **colocados em ordem de emissão** (4 minutos/recibo) e, novamente, **guardados** nas pastas (30 segundos/recibo). Entre os dias 19 e 21, os recibos são **retirados das pastas** (40 segundos/recibo), **analisados com o intuito de verificar se as despesas informadas são realmente dedutíveis** (3 minutos/recibo) e, novamente, **guardados nas pastas** (30 segundos/recibo). Entre os dias 22 e 24, os recibos já verificados são **retirados das pastas** (40 segundos /recibo) e **lançados numa planilha** (3 minutos/recibo), que faz a apuração do valor do livro-caixa automaticamente. Os recibos são **embalados para envio aos clientes** (15 minutos para um lote de 100 recibos). Entre os dias 25 e 27, o gestor do processo **confere pessoalmente os dados lançados na planilha** (30 minutos para um lote de 50 recibos) e **informa o valor apurado** da base de cálculo ao programa da Receita Federal (10 minutos por planilha), **emitindo os DARFs** (2 minutos/DARF). No dia 28, **os DARFs** são enviados juntamente com os recibos embalados, via mensageiros, aos consultórios (1h40min/DARF), para pagamento no último dia útil do mês.

À medida que as atividades eram relatadas pelos respectivos responsáveis, a equipe de melhoria contínua:

- Construiu a representação gráfica do fluxo de valor:

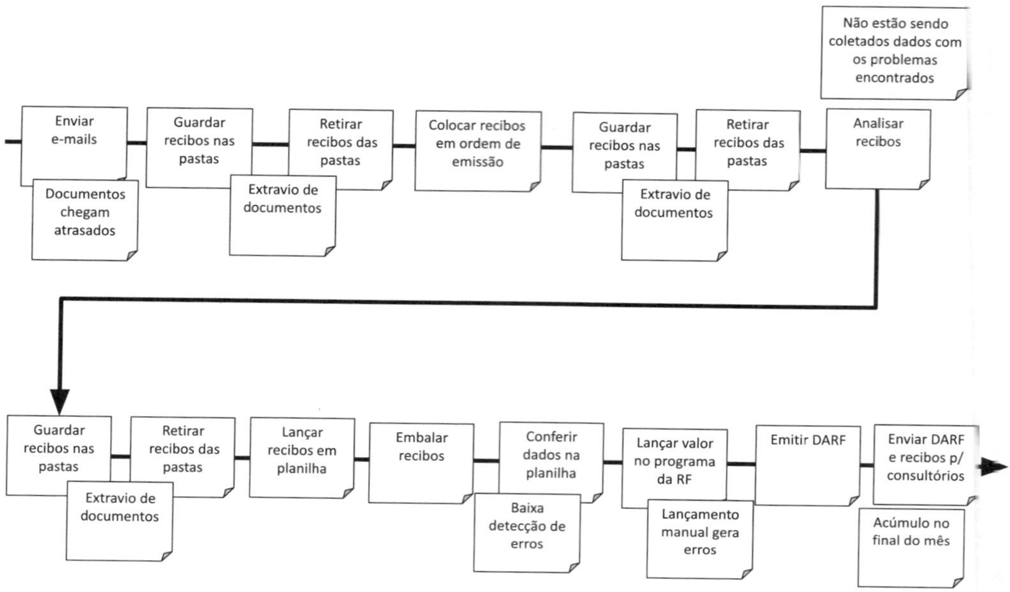

FIGURA 3.4 — FLUXO DE VALOR ESTADO ATUAL

➥ E preencheu a planilha de análise V.A.C.A.:

Processo: Emissão de DARF Carnê Leão								
						Estado Atual		
#	Atividades	V	A	C	A	Espera	Execução	Observações
1	Enviar e-mails	X	--	--	--	0:00:00	0:05:00	Documentos chegam atrasados
2	Guardar recibos nas pastas	X	--	--	--	0:00:00	0:00:30	Extravio de documentos
3	Retirar recibos das pastas	X	--	--	--	40:00:00	0:00:40	Extravio de documentos
4	Colocar recibos em ordem de emissão	X	--	--	--	0:00:00	0:04:00	
5	Guardar recibos nas pastas	X	--	--	--	0:00:00	0:00:30	Extravio de documentos

Processo: Emissão de DARF Carnê Leão								
						Estado Atual		
#	Atividades	V	A	C	A	Espera	Execução	Observações
6	Retirar recibos das pastas	X	--	--	--	16:00:00	0:00:40	Extravio de documentos
7	Analisar recibos	○	●	●	●	0:00:00	0:03:00	Não estão sendo coletados dados com os problemas encontrados
8	Guardar recibos nas pastas	X	--	--	--	0:00:00	0:00:30	Extravio de documentos
9	Retirar recibos das pastas	X	--	--	--	8:00:00	0:00:40	Extravio de documentos
10	Lançar recibos em planilha	○	△	△	●	0:00:00	0:03:00	
11	Embalar recibos	○	●	●	●	0:00:00	0:00:09	
12	Conferir dados na planilha	○	●	●	●	12:00:00	0:00:36	Baixa detecção de erros
13	Informar valor no programa da RF	●	△	△	●	0:00:00	10:00:00	Lançamento manual gera erros
14	Emitir DARF	●	●	●	●	0:00:00	0:02:00	
15	Enviar DARF e recibos p/ consultórios	○	△	●	△	4:00:00	1:40:00	Acúmulo de visitas no final do mês
						Espera	**Execução**	
		Totais				80:00:00	11:55:45	**Lead Time** **91:55:45**
						87,0%	13,0%	

QUADRO 3.8 — MATRIZ V.A.C.A. — ESTADO ATUAL

Por fim, foram calculados os valores de tempo de execução, tempo de espera e *lead time*:

- $\text{Total}_{\text{espera}}$ = 80:00:00h;
- $\text{Total}_{\text{execução}}$ = 11:55:45h;
- Lead Time = 91:55:45h.

Sugiro ao leitor que, antes de prosseguir, entenda a relação entre a descrição do processo, sua representação gráfica e a matriz V.A.C.A.

Note que:

a. A equipe de trabalho (equipe de melhoria contínua e responsáveis pela execução do projeto) entendeu que:

- as atividades 1 a 6, 8 e 9 **não** agregam valor para o cliente e podem ser eliminadas;
- as atividades 7, 10, 11, 12 e 15 **não** agregam valor, mas **não** podem ser eliminadas;
- as atividades 13 e 14 agregam valor.

b. Os principais problemas levantados foram transcritos no campo de observação de cada atividade;

c. Todos os tempos foram registrados no formato hh:mm:ss. A conversão foi realizada conforme os critérios:

1. **Atividade 3 — Retirar os recibos da pasta**: foi relatado que "entre os dias 14 e 18 (quando normalmente já foram recebidos todos os documentos), os recibos são retirados das pastas (40 segundos/recibo)". A média entre 14 e 18 é 16, ou seja, para efeito de cálculo, a equipe supôs que todos os recibos são retirados no dia 16 e que, entre este dia e o dia 6 (ver atividade 2), são transcorridos 10 dias ou 40 horas úteis. A equipe ainda considerou os fins de semana como dias úteis para efeito de cálculo de tempo de espera:

- $Tempo_{espera}$ = 40:00:00h;
- $Tempo_{execução}$ = 00:00:40h.

O mesmo raciocínio vale para as atividades 6 e 9.

2. **Atividade 11 — Os recibos são embalados para envio ao cliente:** 15 minutos para um lote de 100 recibos:

$$\text{Tempo}_{\text{execução}} = \frac{15\ minutos \times 60\ segundos}{100} = 9\ \text{segundos/recibo}$$

EQUAÇÃO 3.1

O próximo passo foi definir contramedidas para:

- Eliminar as tarefas que não agregavam valor ao processo, isto é, aquelas que receberam conceito X na variável V (valuable):

Matriz V.A.C.A. — Estado Atual
Processo: Emissão de DARF Carnê Leão

#	Atividades	V	A	C	A	Estado Atual Espera	Execução	Observações
1	Enviar e-mails	X	--	--	--	0:00:00	0:05:00	Documentos chegam atrasados
2	Guardar recibos nas pastas	X	--	--	--	0:00:00	0:00:30	Extravio de documentos
3	Retirar recibos das pastas	X	--	--	--	40:00:00	0:00:40	Extravio de documentos
4	Colocar recibos em ordem de emissão	X	--	--	--	0:00:00	0:04:00	
5	Guardar recibos nas pastas	X	--	--	--	0:00:00	0:00:30	Extravio de documentos
6	Retirar recibos das pastas	X	--	--	--	16:00:00	0:00:40	Extravio de documentos
7	Analisar recibos	o	●	●	●	0:00:00	0:03:00	Não estão sendo coletados dados com os problemas encontrados
8	Guardar recibos nas pastas	X	--	--	--	0:00:00	0:00:30	Extravio de documentos
9	Retirar recibos das pastas	X	--	--	--	8:00:00	0:00:40	Extravio de documentos
10	Lançar recibos em planilha	o	△	△	●	0:00:00	0:03:00	
11	Embalar recibos	o	●	●	●	0:00:00	0:00:09	

(continua)

(continuação)

12	Conferir dados na planilha	○	●	●	●	12:00:00	0:00:36	Baixa detecção de erros
13	Informar valor no programa da RF	●	△	△	●	0:00:00	10:00:00	Lançamento manual gera erros
14	Emitir DARF	●	●	●	●	0:00:00	0:02:00	
15	Enviar DARF e recibos p/ consultórios	🚢	△	●	△	4:00:00	1:40:00	Acúmulo de visitas no final do mês

	Espera	Execução		
Totais	80:00:00	11:55:45	**Lead Time**	**91:55:45**
	87,0%	13,0%		

QUADRO 3.9

➥ Minimizar/eliminar situações em que atividades não receberam conceito bom nas variáveis **A** (adequate), **C** (capable) e/ou **A** (available). Antes de iniciar essa etapa, a equipe do Escritório Contábil XYZ entendeu que, primeiramente, deveria consolidar as alterações nos passos 1, 3, 4, 5, 6, 8 e 9.

A matriz V.A.C.A. do estado futuro ficou assim:

Matriz V.A.C.A. – Estado Futuro
Processo: Emissão de DARF Carnê Leão

#	Atividades	V	A	C	A	Estado Futuro		Observações	Quem	Quando
						Espera	Execução			
1	Enviar e-mails							Enviar comunicado a todos os clientes, estabelecendo a data limite para recebimento de documentos (dia 5) e informando que, a partir de abril/12 não serão mais enviados e-mails solicitando documentos	Paulo	20/03/2012
2										
3										
4										
5										
6										
7	Analisar Recibos	o	●	●	●	0:00:00	0:03:00	Criar tabela de tipos de erros e anotar as ocorrências	Osvaldo	25/03/2012
8										
9										
10	Lançar recibos em planilha	o	△	△	●	0:00:00	0:03:00	Checar os valores digitados imediatamente após o lançamentos	Paulo	20/03/2012
11	Embalar recibos	o	●	●	●	0:00:00	0:00:09	Embalar os recibos em fluxo		
12										
13	Informar valor no programa da Receita Federal	●	●	●	●	0:00:00	0:02:00	Desenvolver macro no Excel para exportar valor diretamente para o Programa da RF	Antônio	30/03/2012
14	Emitir DARF em PDF e Enviar por e mail (em fluxo)	●	●	●	●	0:00:00	0:08:00	Comunicar pessoal da emissão de guias	Paulo	30/03/2012
15	Enviar recibos p/ consultórios	o	△	●	△	4:00:00	1:40:00			

QUADRO 3.10

Novamente, a equipe calculou os valores de tempo de execução, tempo de espera e *lead time*:

- $Total_{espera}$ = 04:00:00h;
- $Total_{execução}$ = 01:56:09h;
- Lead Time = 05:56:09h.

Armadilhas

- Iniciar o processo sem ter em mente qual o problema será resolvido.
- Definir o estado futuro e o plano de contramedidas, sem levar em consideração a meta de valor dos indicadores do processo.
- Efetuar o mapeamento e definição de contramedidas, sem envolver os executores do processo.
- Mapear o estado atual ignorando os problemas relatados pela equipe.
- Tentar desenvolver um plano de contramedidas que deixe todos os conceitos das variáveis V.A.C.A. iguais a bom.

CAPÍTULO 4

Trabalho Padronizado

Ninguém conhece melhor o trabalho do que aqueles que o executam. Envolva-os na criação do trabalho padronizado.

Propósito do Artefato

O trabalho padronizado (TP) busca a combinação ótima entre a mão de obra, os equipamentos e os materiais necessários à realização de um dado processo, garantindo sua qualidade e repetibilidade. O TP está relacionado com **todas as crenças** da cultura organizacional Lean[1]:

- Tornar os problemas visíveis imediatamente (Crença #1): dado que um problema é o desvio de um padrão, fica claro que para termos problemas é necessário que existam padrões.
- Todos devemos resolver problemas e promover a melhoria contínua dos processos (Crença #2): a padronização é a etapa final de ciclos PDCA bem-sucedidos.
- Compartilhar o conhecimento (Crença #3): padrões facilitam e **uniformizam** o aprendizado da equipe. Não há nada pior que uma

mesma tarefa sendo realizada pelos membros da equipe de maneiras diferentes.

- Disseminar as quatro crenças nos membros da equipe (Crença #4): o trabalho padronizado é indispensável para que os líderes realizem auditorias nos processos.

Entendendo o Artefato

Seguem os principais elementos do trabalho padronizado:

- **Takt Time**: Takt é uma palavra alemã que significa compasso, ritmo. Time significa tempo. O Takt Time define a frequência que o processo fornecedor entregará um produto ou serviço para o processo cliente. Por exemplo, afirmar que o Takt Time de uma sala de cirurgia é de 2h30', equivale a dizer que **a cada 2h30'** uma cirurgia deve ser finalizada. O Takt Time é **calculado** através da seguinte equação:

$$\text{Takt Time} = \frac{\textit{Tempo Disponível no Período}}{\textit{Demanda no Período}}$$

EQUAÇÃO 4.1

Por exemplo, se uma determinada equipe deve descarregar e acondicionar nas respectivas posições cinquenta paletes, num período de oito horas, o Takt Time desse processo será:

$$\text{Takt Time} = \frac{8h\ x\ 3.600''}{50} = 576''$$

EQUAÇÃO 4.2

Ou seja, a cada 576 segundos todos os processos envolvidos na descarga e armazenamento de um palete deverão ser finalizados.

- **Sequência de trabalho**: é a sequência de realização das atividades de um determinado processo. No processo representado na figura a seguir, o produto/serviço percorre as seis etapas, no sentido horário. Todavia, na confecção do trabalho padronizado, definiu-se que a melhor sequência de trabalho do operador seria no sentido anti-horário.

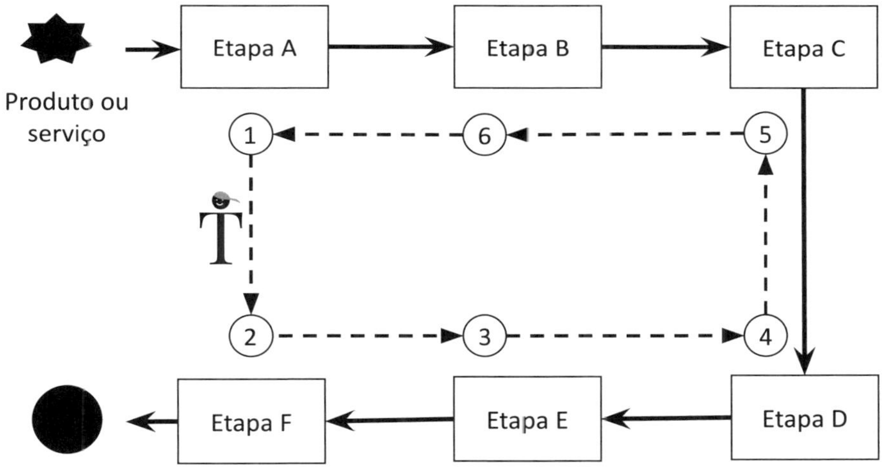

FIGURA 4.1 — SEQUÊNCIA DE ATIVIDADES

- **Estoque em processo**: apesar de desejável, o fluxo contínuo é extremamente difícil de ser alcançado e mantido: por mais enxuto que seja o processo, sempre haverá pequenas variações. O estoque em processo absorve tais variações, proporcionando um fluxo mais suave.

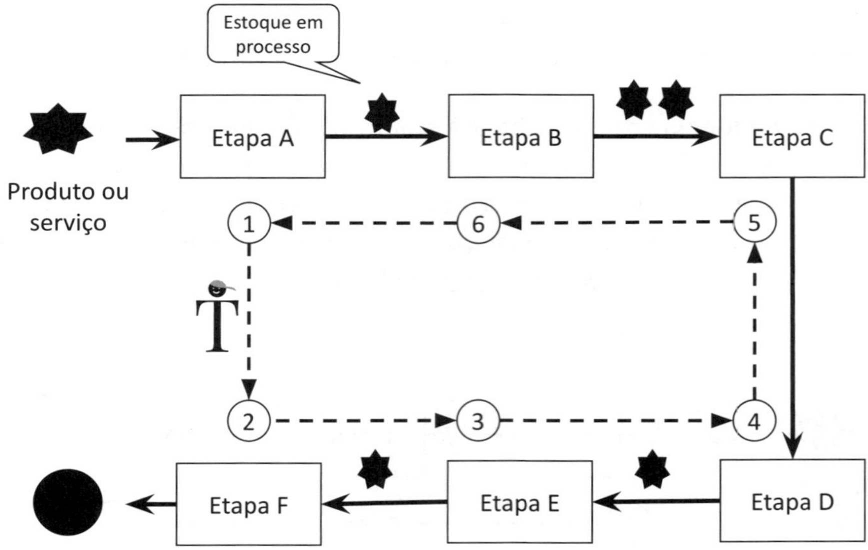

FIGURA 4.2 — ESTOQUE EM PROCESSO

O trabalho padronizado utiliza cinco documentos:

- **Quadro de capacidade do processo**: matriz que — considerando os tempos padrão (manual e automático[2]), periodicidade de troca, tempo de substituição ou tempo auxiliar[3] — calcula a capacidade de cada um dos recursos envolvidos na obtenção do produto/serviço, determinando a capacidade do processo.

Quadro de capacidade do Processo					Depto: Solda Produto Cross Bean		Linha: Célula F250 Tempo Disponível (seg.)			25.188
No.	Processo	#Máquina	Tempo Padrão			# pçs/troca	Tempo de substituição	Tempo/pç	Tempo Total/pç	**Capacidade**
			Manual	Auto	Total					
1	Soldar Conjunto	Robô	5,00	10,00	15,00	300	220,00	0,73	15,73	**1.601**
2	Soldar Cabeceira 1	Ponteadeira Suspensa	10,00	0,00	10,00	400	300,00	0,75	10,75	**2.343**
3	Soldar Cabeceira 2	Ponteadeira Suspensa	12,00	0,00	12,00	300	80,00	0,27	12,27	**2.053**
4	Soldar Cabeceira 3	Ponteadeira Suspensa	2,00	0,00	2,00	0	0,00	0,00	2,00	**12.594**
5	Montar Final	Manual	15,00	0,00	15,00	200	220,00	1,10	16,10	**1.564**
Capacidade do Processo: 1564										

FIGURA 4.3

A capacidade do processo é determinada pela capacidade do recurso com a menor produção de peças/hora.

➡ **Gráfico de balanceamento de operadores**: ilustra a divisão dos elementos de trabalho[4] entre os colaboradores envolvidos no processo. Classifica de forma visual as etapas do processo em verde (atividade agrega valor), amarelo (atividade não agrega valor, mas não pode ser eliminada) e vermelho (desperdício). A altura das colunas representa a somatória dos tempos dos elementos de trabalho de cada operador.

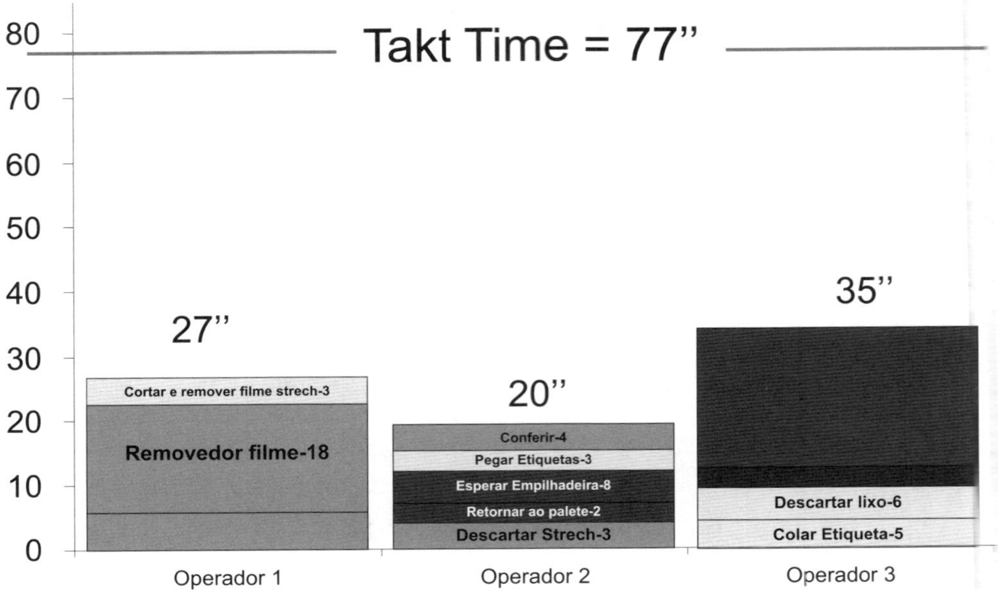

FIGURA 4.4 — EXEMPLO DE GRÁFICO DE BALANCEAMENTO DE OPERADORES

- **Tabela Combinada de Trabalho Padronizado — TCTP:** mostra a relação entre os tempos de execução **manual** da atividade[5], o tempo automático (máquinas e equipamentos operando sem a intervenção do operador) e o tempo de movimento do operador (caminhadas entre etapas do processo). Assim como o gráfico de balanceamento de operadores, facilita a visualização da distribuição dos elementos de trabalho no tempo.

Tabela Combinada de trabalho Padronizado

Data: 24/08/2011 — Pág 1 / 1

Área: Moinho	Depto.: Produção	Célula	Tempo de Ciclo	Takt Time do Lote
Processo: **Ensilagem**	Tempo da operação	Lote:	**215** s	**366** s

Seq. Op.	Descrição do Processo	Tempo (s) manual	Tempo (s) auto	Tempo (s) Movim.
1	Acompanhar movimento do operador 2			
2	Empurrar Bag até a moega	25		37,0
3	Espera descida da sacola vazia	15	15	
4	Espera retirada da sacola vazia			40,0
5	Encaixar alça do próximo Bag na talha	8		7,0
6	Movimentação até sala lateral para dobrar sacola vazia	12		
7	dobrar sacola vazia	18		
8	Recolher pallet vazio	31		
9	Envolver sacolas vazias com strech	23		
10				
11				
12				
	Total da operação (segundos)	131	15	84

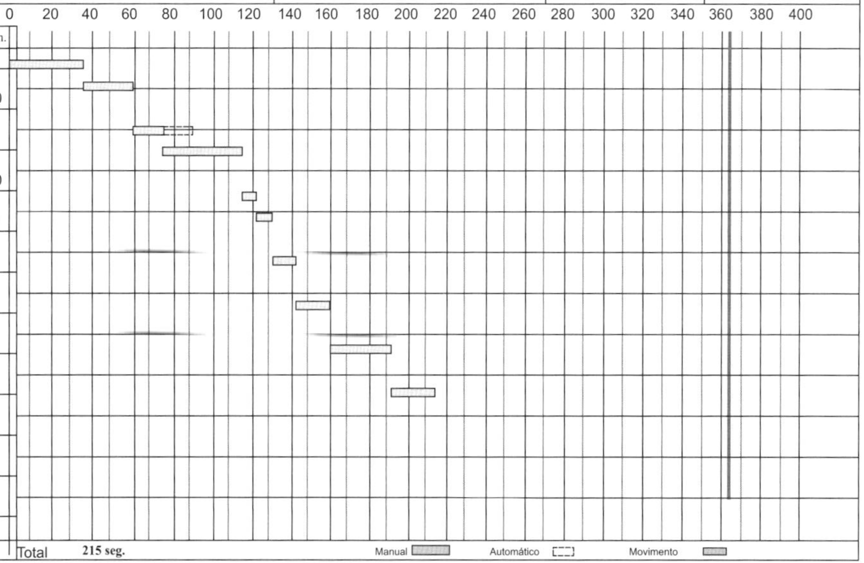

FIGURA 4.5 — TABELA COMBINADA DE TRABALHO PADRONIZADO

- **Diagrama de Trabalho Padronizado — DTP (Figura 4.6):** documenta o trajeto percorrido pelo(s) colaborador(es) durante o processo, considerando o layout do Gemba, a **sequência de trabalho** e o estoque padrão em processo.

Diagrama de Trabalho Padronizado - Linha 1 - Pinças

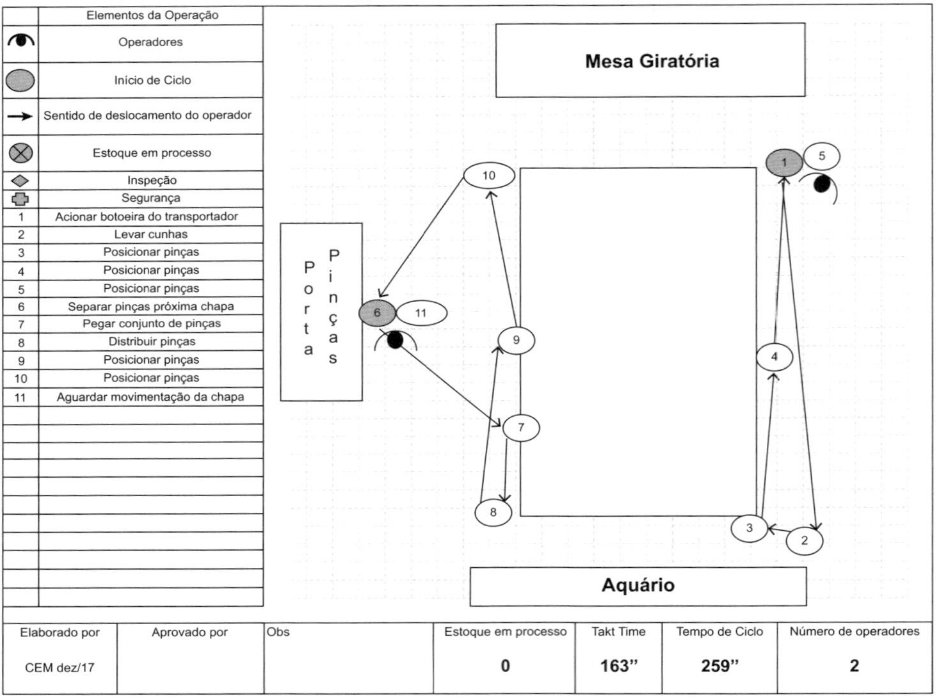

FIGURA 4.6 — DIAGRAMA DE TRABALHO PADRONIZADO

- **Instrução de trabalho:** documento que lista a sequência de trabalho, os pontos-chave da operação, os itens críticos para assegurar a qualidade do processo, os itens críticos para a segurança do(s) colaborador(es) e exibe fotos ilustrando as etapas críticas da operação.

Instrução de Trabalho

Número IT32 | Pág. 1 de 1 | Revisão 1 | Data 4/5/2013

Operação	SULCAÇÃO	Tarefa	ABASTECIMENTO DO ADUBO	Equipamento	SULCADOR	Frequência	Quando necessário	Elaborado	Verificado	Aprovado	Segurança do Trabalho

Nº	Sequência de Etapas	Ponto Chave	Justificativa	Segurança
1	Avisar o parceiro da plantadora pelo rádio que abastecerá de adubo	Peça ao operador da distribuidora que verifique se há outro sulco aberto para fazer a distribuição. Ou então ele faz a manutenção no equipamento, enquanto o abastecimento do sulcador é efetuado	Aproveitar melhor o tempo disponível	EPIs Padrão
2	Estacionar o trator	Estacione de ré na lateral do Munck e abaixe o implemento (Foto 1)	Facilita o abastecimento	Tenha atenção, para não colidir com caminhão
3	Abaixar os braços do marcador e abrir as tampas da caixa de adubo	Abrir as tampas **completamente**	Evita desperdício de adubo	O operador deve ficar sempre em cima dos braços do marcador durante o abastecimento (Foto 2)
4	Abastecer a caixa de adubo	**1.** Antes de iniciar o abastecimento, amarrar a boca externa do bag (Foto 3), para regular a vazão, e abrir a boca interna do bag para iniciar o abastecimento (Foto 4)	**1.** Para não despejar todo o adubo do bag	Posicionar-se no braço do marcador para abastecer (Foto 2). Para evitar acidentes. Coloque somente os braços embaixo do bag para manusear. (Foto 4)
		2. Antes de abastecer compare a granulometria do adubo do bag com a PET amostra (Foto 5)	**2.** Pois se a granulometria for diferente, vai interferir na regulagem da dose	
		3. Encher a caixa de adubo (Foto 6)	**3.** Para não desperdiçar adubo	
5	Amarrar a boca interna do bag	Fechar a boca interna, um pouco antes de preencher completamente a caixa de adubo	Evita desperdício de adubo	EPIs Padrão
6	Fechar as tampas da caixa de adubo	Certifique-se de que as tampas estejam travadas	Evita desperdício de adubo	EPIs Padrão
7				
8				
9				
10				

Fotos/Desenhos

EPIs

Controle de Revisões	Revisão	Data	Histórico
	0	4/5/2013	Primeira Emissão -

ÁREA DE VIVÊNCIA

FIGURA 4.7 — INSTRUÇÃO DE TRABALHO

Por fim, antes de entender a utilização do TP, resta definir mais dois conceitos importantes.

- **Tempo de ciclo do operador:** somatória dos tempos manuais, de movimento e auxiliares de **um dos operadores do processo**.

$$T_{Ciclo\ Operador} = \sum T_{Manual} + \sum T_{Movimento} + \sum T_{Auxiliar}$$

EQUAÇÃO 4.3

- **Lead Time do Processo:** somatória dos tempos de ciclo de **todos** os operadores do processo.

$$Lead\ Time\ do\ Processo = \sum T_{Ciclo\ Operadores}$$

EQUAÇÃO 4.4

Exemplo de Aplicação — Centro de Distribuição

A Centro de Distribuição XYZ trabalha 44 horas por semana, de segunda a sábado. Diariamente, há uma reunião em que são discutidos temas sobre segurança, saúde, meio ambiente (DDS), com duração de 20 minutos e uma sessão de 10 minutos de ginástica laboral.

A equipe de descarga — responsável por descarregar e armazenar 85 paletes por dia — é composta por:

- dois ajudantes;
- um operador de empilhadeira a gás, que retira os paletes dos caminhões e os leva até a doca;

- um operador de empilhadeira elétrica, que leva os paletes da doca até a respectiva posição de armazenamento (estrutura porta palete);
- um conferente.

Antes de iniciar a aplicação do TP, a equipe de melhoria contínua do Centro de Distribuição XYZ implantou o 5S & Gestão Visual na área de docas e armazenagem, garantindo assim a padronização do Gemba.

O primeiro passo para a aplicação do TP foi calcular o Takt Time[6] do processo:

- Tempo disponível =
  Horas Disponíveis — $\text{Tempo}_{\text{Ginástica Laboral}}$ — $\text{Tempo}_{\text{DDS}}$ =
  7,33 horas/dia × 3.600" — 10' × 60" — 20' × 60" =
  24.600"
- Demanda = 85 paletes

$$\textbf{Takt Time} = \frac{\textit{Tempo Disponível no Período}}{\textit{Demanda no Período}} = \frac{24.600''}{85} = 289''$$

EQUAÇÃO 4.5

Ou seja, a cada 289 segundos, um palete deve ser armazenado na respectiva posição. O próximo passo foi determinar os tempos de ciclo. Para tanto, a equipe filmou cinco ciclos de cada operador e tomou os respectivos tempos, descartou o maior e o menor valor e, por fim, calculou a média aritmética dos tempos restantes. Por exemplo, para a operação *Encerrar ordem*, realizada pelo conferente:

Medição	#1	#2	#3	#4	#5
Tempo	19,8"	21,3"	21,6"	22"	21,8"

TABELA 4.1

Cálculo:

$$\textbf{Tempo de Ciclo Manual} = \frac{21{,}3+21{,}6+21{,}8}{3} = 21{,}6''$$

EQUAÇÃO 4.6

À medida que os tempos foram obtidos, a equipe preencheu as planilhas de elementos de trabalho (Figura 4.8) e plotou os resultados no gráfico de balanceamento de operadores[7] — GBO (Figura 4.9).

Elementos de Trabalho	Tipo	Conferente
Receber doctos	VNA	4
Analisar dados	V	4
Acessar o SAP	V	4
Anotar as info	VNA	5
Ir p/ D4	VNA	8
Inspecionar	VNA	9
Deslocamento	VNA	6
Retirar fichar	VNA	4
Analisar dados	V	6
Checar físico x docto	D	10
Ajustar ar impressora	D	13
Aprovar ctf pesagem	V	5
Imprimir etq	V	6
Organizar etq	D	11
Preencher etq	V	6
Anexar Etq	V	4
Encerrar ordem	V	21
Ir p/ próxima doca	VNA	10
		136

Elementos de Trabalho	Tipo	Ajudantes 1	Ajudantes 2
Colocar luva	VNA	4	5
Pegar estilete	VNA	8	9
Retirar stretch	V	6	6
Descartar stretch	D	9	5
Retornar ao palete	VNA	5	5
Retirar saco plástico	VNA	5	4
Pegar etiquetas	VNA	6	8
Conferir etq X lote físico	V	4	5
Colar etiquetas	V	71	75
Descartar sobra etq	VNA	16	12
Colocar saco plástico no palete	V	5	6
Deslocamento	D	5	4
Pegar rolo de stretch	V	3	3
Retornar ao palete	D	8	7
Fixar stretch no palete	VNA	5	5
Aplicar stretch (manual)	D	19	23
Deixar o filme strech próximo	D	5	6
		184	188

Elementos de Trabalho	Tipo	Operador Gás
Monta o magazine c/ PBR	VNA	8
Anota as informações	VNA	10
Pegar palete no veículo	V	12
Transportar palete	V	7
Manobra a empilhadeira	VNA	9
Deslocae palete até PBR	V	9
Retira os garfos	VNA	5
Posiciona os garfos no PBR	VNA	5
Leva até a doca	V	12
Estaciona a empilhadeira	VNA	6
Pega a prancheta na caixa	VNA	5
Desce da empilhadeira	VNA	7
Anota as informações	VNA	9
		104

Elementos de Trabalho	Tipo	Operador Elétrica
Ir até doca	VNA	37
Localizar tarefa-coletor	VNA	5
Posicionar garfos no palete	V	4
Ler etq	VNA	4
Atribuir tarefar no coletor	VNA	10
Pega palete	V	4
Deslocar-se até ar posição	VNA	32
Ler código da estrutura	VNA	4
Elevar os garfos	V	29
Guardar palete	V	13
Confirmar posição c/ coletor	V	8
Recolher os garfos	V	6
Descer os garfos	VNA	10
Ir p/ próxima doca	VNA	4
Estacionar empilhadeira	VNA	5
		175

FIGURA 4.8 — TEMPOS DE CICLO & LEAD TIME

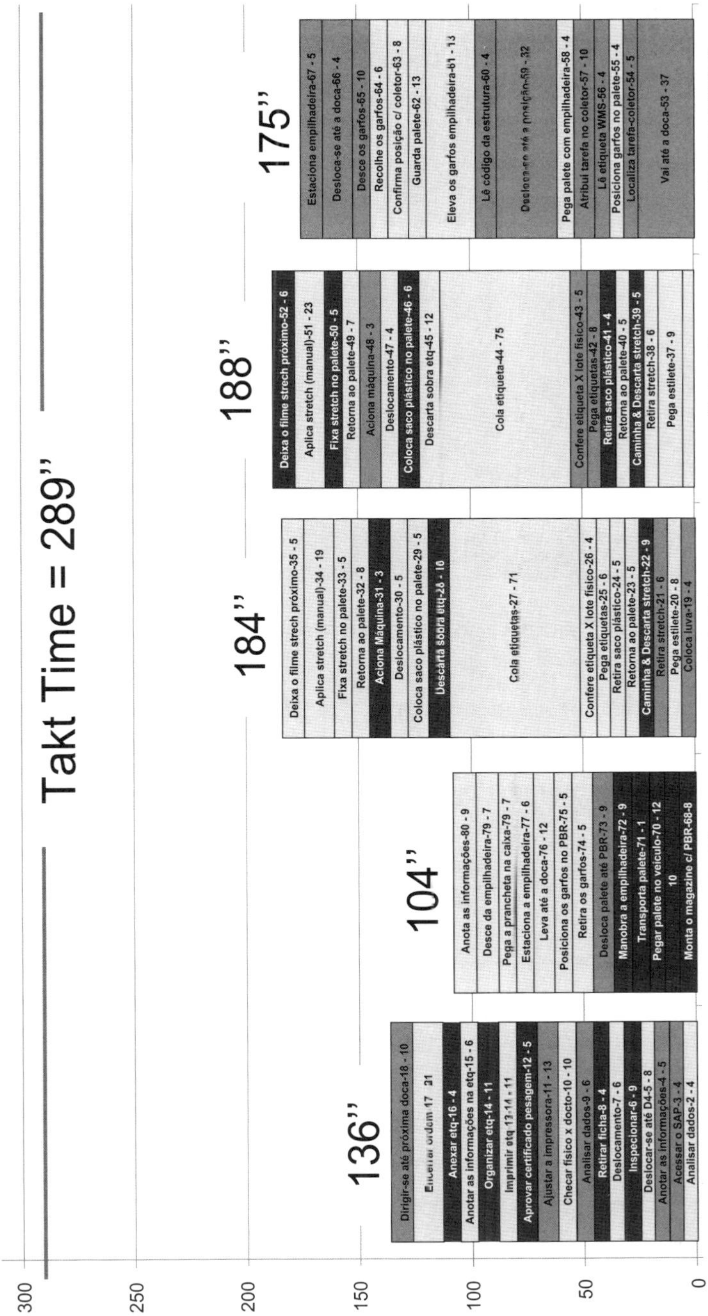

FIGURA 4.9 — GRÁFICO DE BALANCEAMENTO DE OPERADORES

No detalhe da figura a seguir, nota-se que cada uma das colunas exibe todos os elementos de trabalho, do respectivo operador. Os elementos de trabalho e seus tempos de execução são descritos nos blocos:

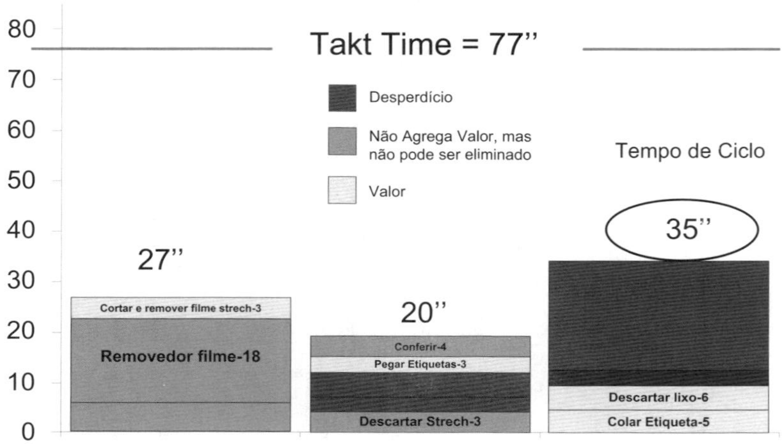

FIGURA 4.10 — ELEMENTOS DE TRABALHO

A fim de definir uma meta para o processo de Kaizen[8], a equipe calculou o número teórico de operadores do processo e se deu conta de que, atualmente, há mais operadores do que o necessário[9]:

$$\#\text{Operadores}_{\text{Teórico}} = \frac{\textit{Lead time do processo}}{\textit{Takt Time}} = \frac{\sum T_{Manual} + \sum T_{Movimento} + \sum T_{Auxiliar}}{\textit{Takt Time}}$$

$$= \frac{136" + 104" + 184" + 188" + 175"}{289"} = 2{,}7 \text{ operadores}$$

EQUAÇÃO 4.7

Por se tratar da primeira vez que aplicavam as técnicas de trabalho padronizado e Kaizen, os membros do Centro de Distribuição XYZ optaram — conservadoramente — por manter três operadores no processo: **pequenos e consistentes avanços são preferíveis a grandes e rápidos avanços que não se sustentam!**

A equipe de melhoria contínua, operadores e responsáveis pelo processo priorizaram[10] e iniciaram o processo de Kaizen, focando a eliminação/minimização dos desperdícios (representados nas planilhas de elementos de trabalho pela letra D), propondo as seguintes melhorias:

Operador	Elemento de trabalho	Tempo atual	Kaizen	Tempo após Kaizen
Conferente	Ajustar impressora	10"	Reparar impressora	0
	Organizar etiquetas	13"	Comprar rack para etiquetas	0
Ajudante 1 e 2	Aplicar stretch	19"/23"	Instalar máquina automática de stretch	0
	Caminhar & descartar stretch	9"/5"	Confeccionar carrinho de lixo para descartar stretch e máquina automática de stretch	2"/2"
	Deslocamento	5"/4"		0/0
	Retorno ao palete	8"/7"		0/0
	Descartar sobra de etiqueta	16"/12"		0/0

TABELA 4.2

Com a instalação da máquina, alguns elementos de trabalhos passaram a ser executados pelo operador de empilhadeiras:

Elemento de Trabalho	Tempo
Levar palete p/ máquina	6"
Fixar stretch no palete	5"
Ligar máquina	5"
Levar palete para área de armazenagem	6"

TABELA 4.3

Por fim, como a soma dos conteúdos de trabalho dos dois ajudantes era menor do que o Takt Time, a equipe decidiu concentrar todas as tarefas num único operador.

O mesmo raciocínio foi usado para os empilhadores. Contudo, como a soma de seus conteúdos de trabalho era superior ao Takt Time, foram necessários alguns Kaizens:

Elemento de trabalho	Tempo atual	Kaizen	Tempo após Kaizen
Pegar prancheta na caixa	5"	Fixar pranchetas nas empilhadeiras	0
Descer da empilhadeira	7"		0

TABELA 4.4

O elemento de trabalho "anotar informações" (9") passou a ser realizado pelo ajudante.[11] As novas planilhas de elementos de trabalho e o GBO ficaram conforme a figura a seguir:

Elemento de trabalho	Tipo	Empilhador
Ir até a doca	VNA	37
Localizar tarefa-coletor	VNA	5
Posicionar garfos no palete	V	4
Ler etiquetas WMS	VNA	4
Atribuir tarefa no coletor	VNA	10
Pegar palete com empilhadeira	V	4
Deslocar-se até a posição	VNA	32
Ler código estrutura	VNA	4
Elevar os garfos empilhadeira	V	29
Guardar palete	V	13
Confirmar posição c/coletor	V	8
Recolher os garfos	V	6
Descer os garfos	VNA	10
Deslocar-se até a doca	VNA	4
Estacionar empilhadeira	VNA	5
Montar o magazine c/ PBR	VNA	8
Anotar as informações	VNA	10
Pegar palete no veículo	V	12
Transportar palete	V	7
Manobrar a empilhadeira	VNA	9
Deslocar palete até PBR	V	9
Retirar os garfos	VNA	5
Posicionar garfos no PBR	VNA	5
Levar até a doca	V	12
Estacionar a empilhadeira	VNA	6
Pegar a prancheta na caixa	VNA	0
Levar palete p/ a máquina	VNA	6
Prender stretch	V	5
Ligar máquina	V	5
Levar p/ área de armazenagem	V	6
		280

Elemento de trabalho	Tipo	Ajudante
Colocar luva	VNA	5
Pegar estilete	VNA	8
Caminhar até próximo palete	VNA	5
Retirar stretch	V	12
Descartar filme plástico	VNA	2
Pegar etiquetas	VNA	7
Confere etiqueta X lote físico	V	9
Colar etiquetas	V	146
Colocar saco plástico no palete	V	11
Anotar as informações	VNA	9
		214

Elemento de trabalho	Tipo	Conferente
Receber doctos	VNA	4
Analisar dados	V	4
Acessar o SAP	V	4
Anotar as informações	VNA	5
Deslocar-se até D4	VNA	8
Inspecionar	VNA	9
Deslocamento	VNA	6
Retirar fichar	VNA	4
Analisar dados	V	6
Checar físico X docto	VNA	10
Aprovar certificado pesagem	V	5
Imprimir etq	V	6
Anotar as informações na etq	V	6
Anexar etq	V	4
Encerrar ordem	V	21
Dirigir-se até próxima doca	VNA	10
		112

FIGURA 4.11

Os dados foram plotados e geraram o seguinte gráfico:

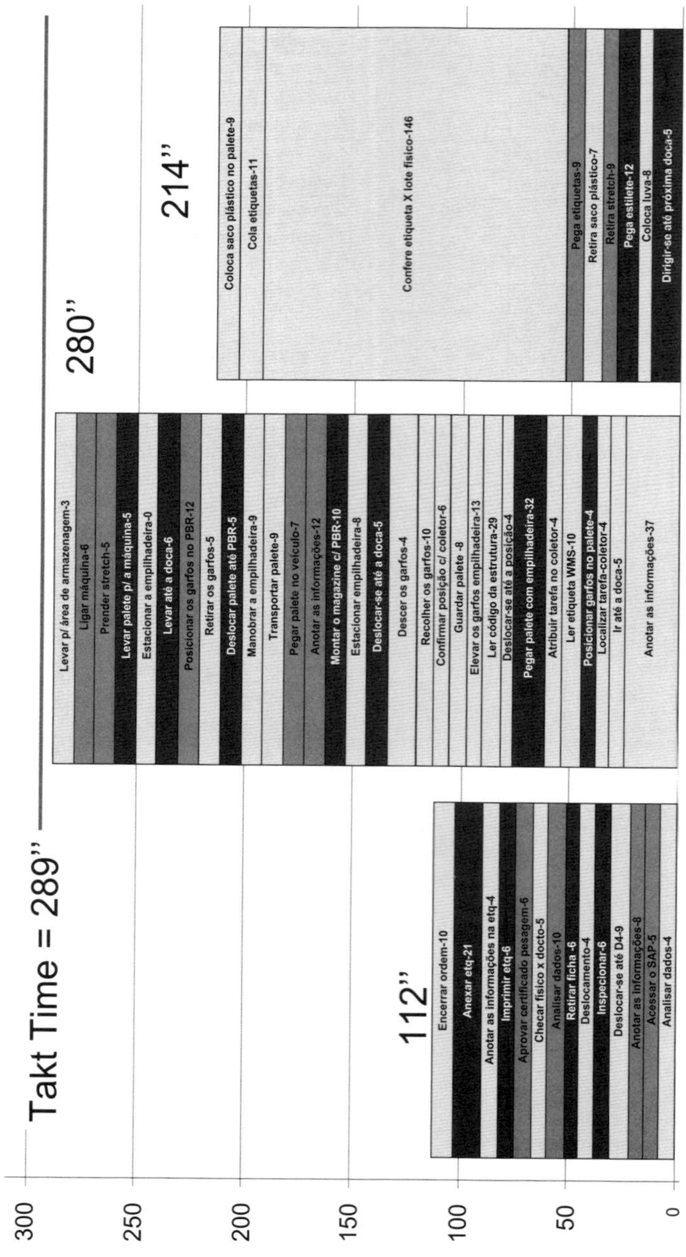

FIGURA 4.12 — ESTADO FUTURO

Uma vez fixado o número de operadores, a equipe iniciou a definição da sequência de trabalho. Para documentá-la, criou diagramas de trabalho padronizado.

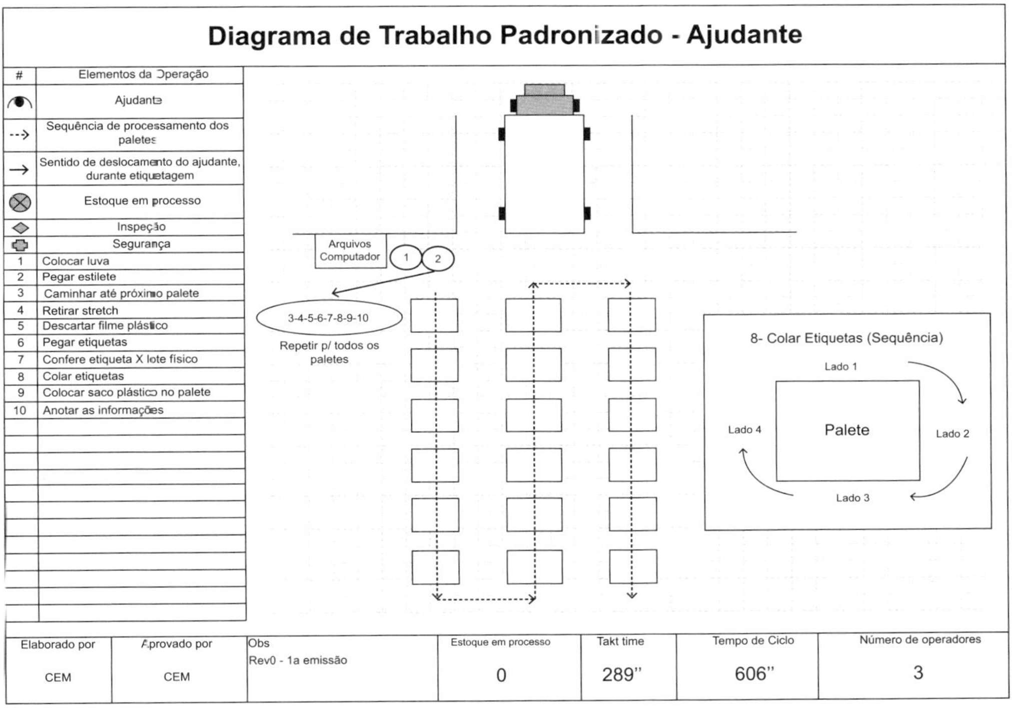

FIGURA 4.13 — DTP AJUDANTE

Concluída a documentação, os operadores e líderes foram treinados. Durante as duas semanas seguintes, o pessoal da equipe de melhoria contínua acompanhou in loco a aderência do trabalho padronizado ao processo de descarga. A partir de então, os líderes ficaram responsáveis pelas auditorias diárias (ver Capítulo 10).

Armadilhas

- Confeccionar a documentação do TP sem a participação dos operadores.
- Não auditar o processo segundo a documentação do TP.
- Mudar o Takt Time em função de alterações pequenas ou temporárias na demanda. É sempre preferível absorver essas variações com horas extras ou realocando os colaboradores em outras atividades. No caso de optar-se por horas extras, deve-se planejar Kaizens visando melhorar a performance do processo, até que não sejam mais necessárias.
- Entender que a aplicação do TP é um fim e não um meio! Lembre-se: **o propósito desse artefato é fazer com que os problemas apareçam**!
- Supor que os padrões vão "engessar" o processo. Como disse Masaaki Imai: "Padrões não devem ser escritos na pedra." Por definição, padrões são a melhor maneira de se fazer algo, até o presente momento. Padrões devem ser considerados como o próximo passo do processo de melhoria.

CAPÍTULO 5

Just In Time

Desenvolva o Fluxo Contínuo onde você pode
e o Fluxo Puxado onde você deve!

MIKE ROTHER

Propósito do Artefato

O propósito do Just in Time (JIT) é **conectar** dois processos, de forma que os problemas sejam notados *imediatamente* (Crença #1). A conexão entre os processos pode ser feita através de:

- Kanban (sinal visual, em japonês);
- Fifo (*First In, First Out* ou primeiro que entra, primeiro que sai); ou
- Fluxo contínuo.

Quanto à capacidade de evidenciar problemas, os três tipos de conexão podem ser assim classificados:

Tipo de Conexão	Capacidade de Evidenciar Problemas
Kanban	Baixa
FIFO	Alta
Fluxo	Muito Alta

QUADRO 5.1 — TRÊS TIPOS DE CONEXÃO

Sempre que possível, deve-se preferir o Fluxo Contínuo ao FIFO e o FIFO ao Kanban.

Entendendo o Artefato

Como o Just in Time checa as conexões?

Uma vez que o processo cliente envia uma solicitação para o processo fornecedor, este último pode estar **atrasado,** em função de ciclos de trabalho mais lentos que o especificado, indicando problemas de máquinas, treinamentos, qualidade e/ou **demanda maior que a prevista.**

Analogamente, processos fornecedores **adiantados** podem ser um indício de ciclos de trabalho mais rápidos que o especificado, como, por exemplo, **quando há recursos em excesso** e/ou demanda menor que a prevista.

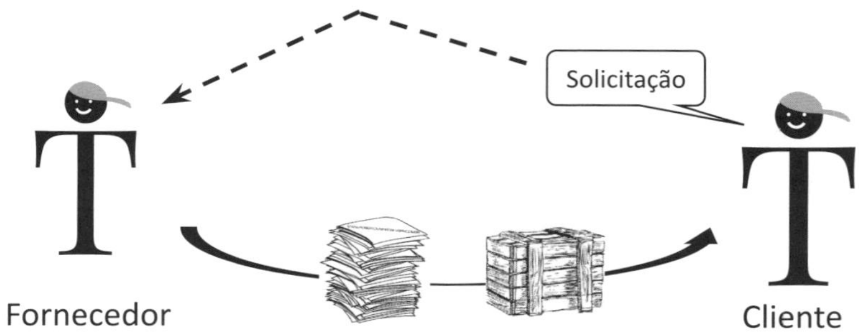

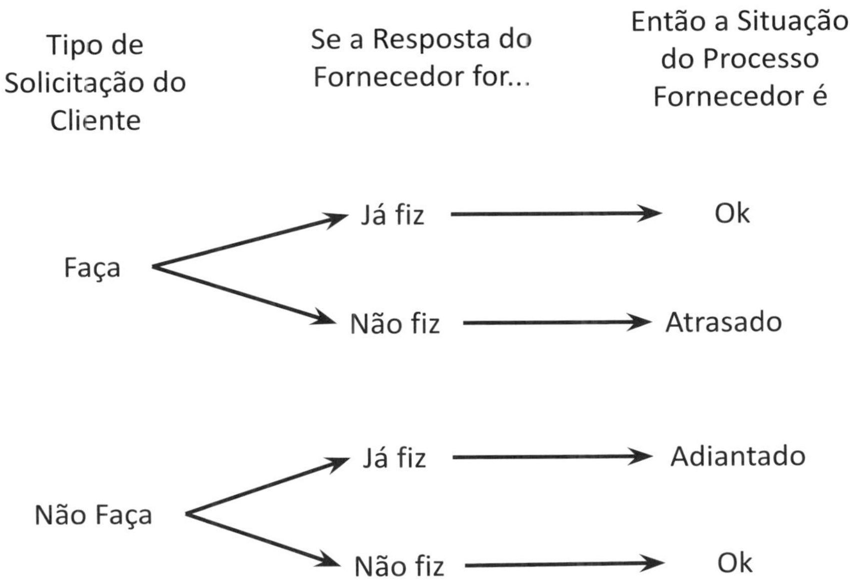

FIGURA 5.1 — CAMINHO DAS SOLICITAÇÕES, PERGUNTAS E RESPOSTAS

Processos Desconectados

A Figura 5.2 representa três processos, por exemplo, na manufatura, num hospital ou numa concessionária de veículos. Diz-se que estão desconectados porque cada processo funciona independentemente dos demais.

A desconexão entre os processos pode gerar as seguintes situações:

- O processo 1 (fornecedor) empurra um output (componente, ficha de paciente, diagnóstico de revisão de veículos) para o processo 2 (cliente), sem considerar se o processo 2 já consumiu os envios anteriores. Dessa forma, o Working in Progress (WIP) tende a aumentar.
- O processo 3 (cliente) consome todo o output do processo 2 (fornecedor) e para de trabalhar (espera).

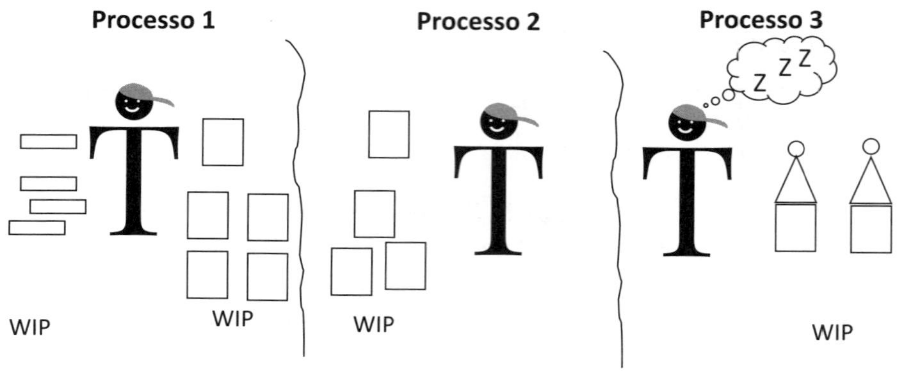

FIGURA 5.2 — PROCESSOS DESCONECTADOS

A figura a seguir exibe um exemplo corriqueiro de processos desconectados. O Gemba é uma farmácia. Note que o processo balcão da farmácia gera outputs (clientes com receitas aviadas), independentemente do tamanho da fila (WIP) no processo de caixa.

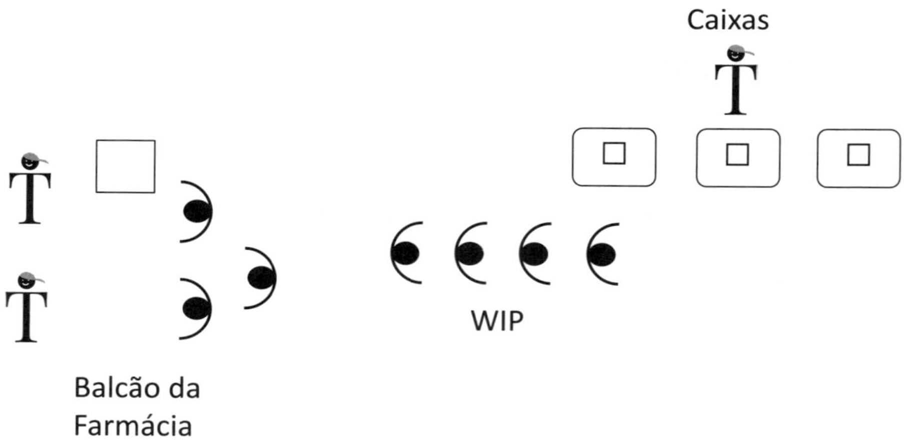

FIGURA 5.3 — PROCESSOS DO VAREJO

Processos Conectados

A sequência na Figura 5.4 ilustra o funcionamento de um processo conectado e da respectiva cadeia de ajuda:

- Os processos balcão de farmácia (fornecedor) e caixa (cliente) foram conectados através de uma área cinza, demarcada no piso do estabelecimento. A regra definida para a conexão é que **pode haver até 2 compradores esperando na fila de pagamento**. Assim, a cada ciclo (que termina quando um comprador efetua o pagamento no caixa), o processo cliente (caixa) checa a conexão, obtendo um dos seguintes diagnósticos:

  a. Se houver um ou dois compradores na fila de pagamento → Processo ok.

  b. Se houver mais de dois clientes esperando na fila de pagamento → Processo fornecedor está adiantado.

  c. Se **não** houver clientes esperando na fila de pagamento → Processo fornecedor está atrasado.

- Ao checar a conexão, o processo cliente notou que havia três compradores na fila, o que caracteriza um problema. Imediatamente, o processo cliente acionou a cadeia de ajuda.
- Em função do acionamento da cadeia de ajuda, um recurso previamente definido do processo balcão deslocou-se para o processo caixa.
- Com o incremento de recursos, o processo caixa aumentou a frequência de seus outputs, levando a conexão para a condição de normalidade.
- O recurso retorna para o processo balcão.

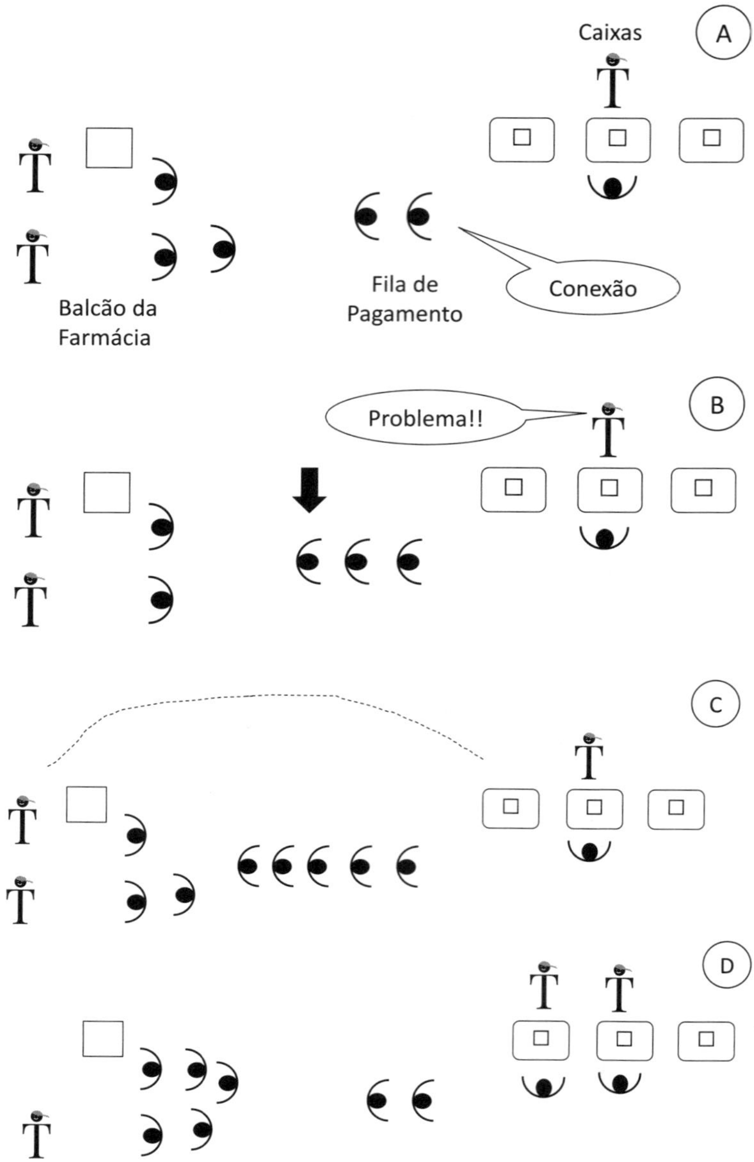

FIGURA 5.4 — PROCESSOS CONECTADOS & CADEIA DE AJUDA

É importante salientar que:

- Recursos do processo cliente também podem se deslocar para o processo fornecedor, dependendo da regra estabelecida na cadeia de ajuda.
- As conexões devem ser desenhadas de forma que possam ser *diagnosticadas* (ver Figura 5.1) de forma rápida e simples: **o uso de elementos de gestão visual** é imprescindível!

Desafios do Make To Order

Há um paradigma de que processos Make to Order[1] (MTO) não são *adequados* à implantação do Lean. Em geral, as pessoas se esquecem que a Toyota não tem apenas linhas de montagem e que, como uma empresa global, a montadora japonesa executa uma infinidade de processos que vão muito além da manufatura: logística, vendas, ferramentaria de construção, importação etc. Logicamente, sua cultura de melhoria contínua permeia igualmente todos esses processos.

Na área de prestação de serviços, a grande maioria dos processos pode ser classificada como MTO, isso é, o início do processo se dá em função um pedido ou demanda, que parte diretamente do cliente final. Por exemplo:

- prontos-socorros;
- consultórios e clínicas;
- lavanderias;
- serviços de revisão, numa concessionárias de veículos;
- fabricação sob encomenda.

Já processos Make To Stock[2] (MTS) iniciam-se quando determinado item ou conjunto de itens atinge um estoque mínimo.

A tabela a seguir mostra as principais diferenças entre os processos MTS e MTO:

Elementos	Sistema MTS (High Volume — Low Mix)	Sistema MTO (High Mix — Low Volume)
Volume de produção	Previsível	Imprevisível
Multifuncionalidade dos colaboradores	Média	Alta
Conexão dos processos	Fluxo puxado a partir do último processo	Fluxo "empurrado" no primeiro processo e FIFO nos demais

QUADRO 5.2 — PRINCIPAIS DIFERENÇAS ENTRE PROCESSOS MAKE TO STOCK E MAKE TO ORDER

- **Volume de produção:** em sistemas MTS, o último processo do fluxo de valor enxerga o estoque, que atua como um amortecer dos picos de demanda do cliente. Sendo assim, os volumes produzidos (lotes) variam muito pouco. Já em sistemas MTO, a demanda é imprevisível, pois não se sabe o que e quanto o cliente solicitará. Por exemplo, não é possível prever quantos clientes entrarão numa farmácia ou num pronto-socorro em um determinado dia.
- **Multifuncionalidade dos colaboradores:** em sistemas MTS, os colaboradores podem se especializar em determinados processos, visto que as demandas são constantes e a variabilidade de operações é baixa. Já em sistemas MTO, como a previsibilidade da demanda é baixa e os tempos de ciclos (ver Capítulo 4) variam significativamente, é comum que recursos do processo (tais como consultórios e equipe de ultrassom, balconistas, passadeiras de roupas, soldadores etc.), hora estejam sobrecarregados, hora estejam ociosos. Como vimos na Figura 5.4, para evitar desperdícios de espera e superprodução, os colaboradores devem transitar entre os vários processos do fluxo de valor. No exemplo do início deste capítulo, o balconista da farmácia deslocou-se até o caixa quando a conexão apresentou um problema. Logicamente, os colaboradores devem estar qualificados para tanto, ou seja, **devem ser multifuncionais**.

- **Conexão dos processos:** como o próprio nome já diz, o fluxo do MTS enxerga um estoque, enquanto o fluxo MTO enxerga o cliente final. Assim, a programação do fluxo deve ser realizada em processos diferentes:

MTS: no último processo, antes do estoque.

MTO: no primeiro processo do fluxo.

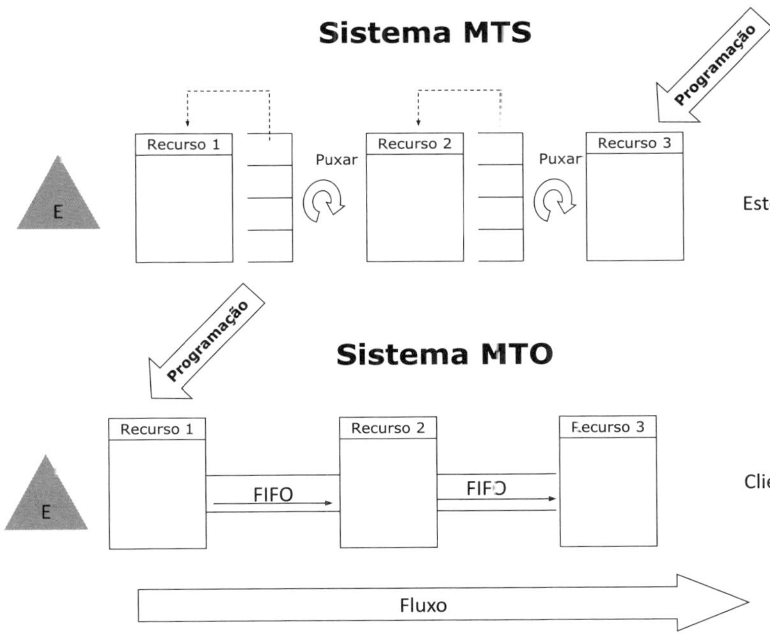

FIGURA 5.5 — FLUXOS DE VALOR MTS X MTO

Exemplo de Aplicação — Ferramentaria (Make to Order)

Para exemplificar a aplicação do JIT num processo MTO, narrarei a implantação do Lean na Ferramentaria ABC, que trabalha exclusivamente sob demanda. O primeiro passo foi definir indicadores objetivos do projeto:

Indicador	Início do projeto	Meta
% Valor horas extras, em relação ao faturamento	5%	2%
Pontualidade de entrega	48%	95%

TABELA 5.1

Os processos do fluxo de valor estavam desconectados, com materiais e componentes se acumulando descontroladamente em frente aos recursos. A figura a seguir traz a representação do fluxo de valor e dos dois possíveis caminhos[3] que um determinado produto poderia seguir durante o processo de fabricação de ferramentas e dispositivos.

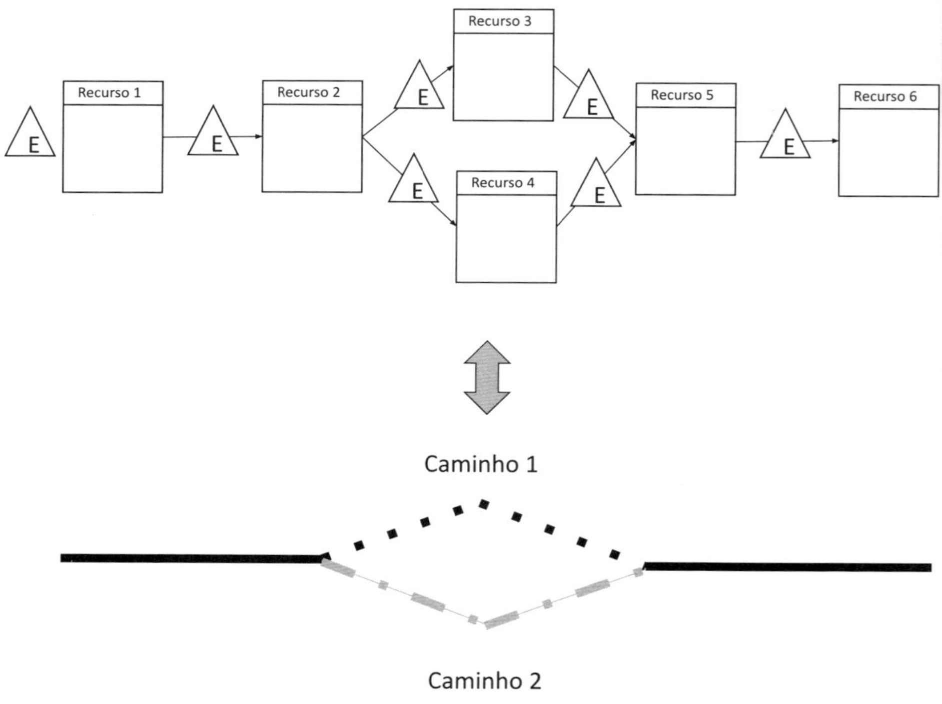

FIGURA 5.6 — CAMINHOS DOS PRODUTOS NA FERRAMENTARIA ABC

Em seguida, foram aplicadas as regras para as conexões de maneira a evidenciar problemas:

1. **Deve-se evitar a superprodução:** a produção de um produto num determinado recurso, uma vez iniciada, não deveria ser interrompida.
2. **Os fluxos devem obedecer ao FIFO:** os produtos deveriam fluir entre dois processos no regime de FIFO (First In, First Out).
3. **Gargalos devem ser geridos diariamente:** a data prevista de finalização de um determinado produto num determinado recurso não deveria ser maior que a data final de entrega do produto.

Regra 1: Evitar a Superprodução

Uma vez que os prazos de entregas vinham sendo constantemente desrespeitados, quase que diariamente, a produção de um determinado item era interrompida para dar lugar a outro produto mais urgente. Dessa forma, um produto cuja entrega estava dentro prazo era sacrificado em função de outro, cuja entrega já estava comprometida. Não raramente, ambos acabavam sendo entregues fora do prazo e a fábrica ficava abarrotada de itens inacabados (superprodução).

Ao definir-se que a produção de um produto num recurso, uma vez iniciada, não deveria ser interrompida, reduziu-se drasticamente a superprodução.

Regra 2: Fluxos obedecendo ao FIFO

As conexões entre os processos passaram a respeitar o FIFO:

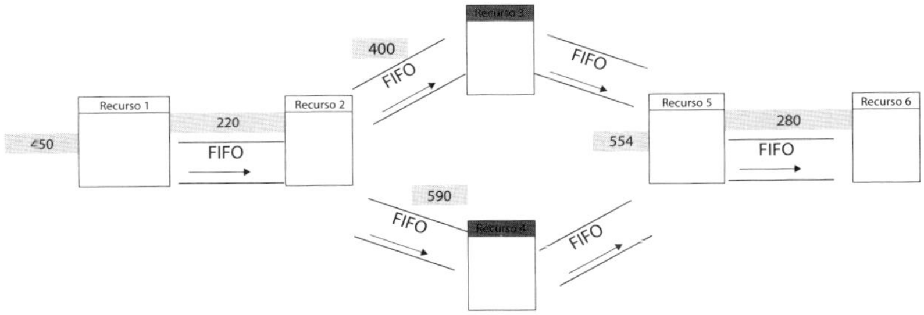

FIGURA 5.7 — PRODUTOS FLUINDO EM FIFO

Regra 3: Gestão diária da Conexão Gargalo

Para realizar a gestão diária da conexão gargalo foi necessário:

- atribuir um tempo para cada processo;
- calcular o prazo para processamento da fila, antes de cada recurso;
- realizar gestão visual do fluxo;
- adequar diariamente a conexão **gargalo** às necessidades do negócio.

Um Tempo para cada Processo

Depois de atribuir um tempo para cada processo[4], em cada um dos recursos do fluxo, foi criado a Tabela 5.2[5]:

Produto	Entrega	Recurso 1	Recurso 2	Recurso 3	Recurso 4	Recurso 5	Recurso 6
P1	04/04/21	85	45	35	44	30	0
P2	05/04/21	90	10	20	82	100	29
P3	03/05/21	44	33	24	64	18	35
P4	30/05/21	86	14	35	101	15	30
P5	15/05/21	20	18	45	28	10	85
P6	**05/07/21**	**20**	**27**	**10**	**19**	**29**	**20**
P7	08/06/21	35	21	26	53	30	15
P8	25/06/21	0	12	110	84	20	15
P9	23/07/21	20	18	35	115	15	31
P10	25/07/21	50	22	60	0	30	20
Fila (h)		**450**	**220**	**400**	**590**	**297**	**280**

TABELA 5.2 — FILAS (EM HORAS)

Por exemplo, o produto P6, cuja entrega estava prevista para o dia 5 de julho de 2011, terá um tempo de 20 horas de processo no Recurso 1; 27 horas de processo no Recurso 2, 19 horas no Recurso 3 e assim por diante. As filas ou totais de horas a produzir num determinado recurso foram representadas no fluxo de valor, conforme a figura a seguir.

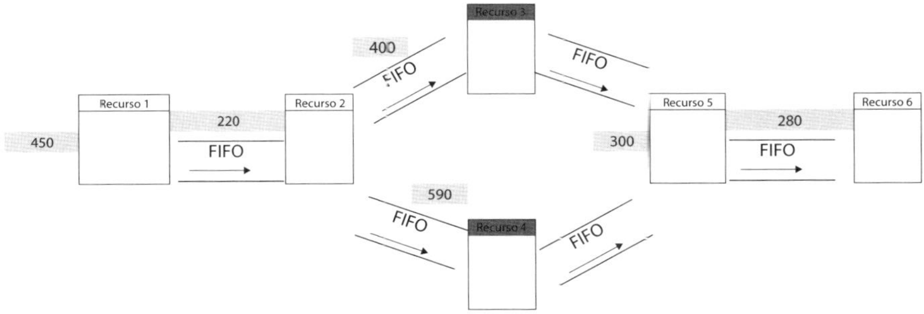

FIGURA 5.8 — REPRESENTAÇÃO DO CONTEÚDO DE TRABALHO AGUARDANDO ANTES DE CADA MÁQUINA (FILA)

Calcular o Prazo para Processamento da Fila

Dizer que há uma fila de 120 horas em frente ao Recurso X (Figura 5.9) é o mesmo que dizer que — seguindo-se o FIFO — a produção do produto P só será iniciada daqui a 120 horas úteis.

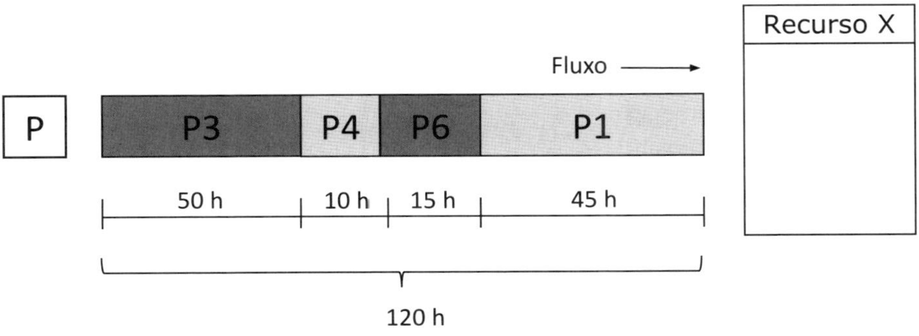

FIGURA 5.9 — FILA DE TRABALHO

Para saber quantos dias (prazo) serão necessários para o processamento da fila de 120h antes do Recurso X, utilizamos a Equação 5.1, que tem como variáveis:

- o número de horas trabalhadas em cada turno;
- a quantidade de meios de produção;[6]
- a quantidade de turnos de trabalho;
- o número de horas extras diárias.

$$\text{Prazo} = \frac{\textit{Fila (h)}}{\textit{Horas por Turno} \times \textit{Qdade de Meios} \times (\textit{Nº de Turnos} + \textit{Horas Extras Diárias} \div \textit{Horas Por Turno})}$$

EQUAÇÃO 5.1

O quadro a seguir mostra alguns resultados da aplicação dessa equação:

A	10 horas/turno 1 meio de produção 1 turno de trabalho 0 Horas extras	$\text{N° dias úteis} = \frac{120h}{10 \times 1 \times (1+0 \div 10)}$	= 12 dias
B	10 horas/turno 1 meio de produção 1 turno de trabalho 2 Horas extras por dia	$\text{N° dias úteis} = \frac{120h}{10 \times 1 \times (1+2 \div 10)}$	= 10 dias
C	10 horas/turno 4 meios de produção 1 turno de trabalho 0 Horas extras por dia	$\text{N° dias úteis} = \frac{120h}{10 \times 4 \times (1+0 \div 10)}$	= 3 dias

QUADRO 5.3

Considerando-se uma fila de 120h, as condições da opção B do quadro (10 dias úteis para processar a fila) e que hoje é dia 10 de janeiro, o produto P será processado a partir do dia 21 de janeiro:

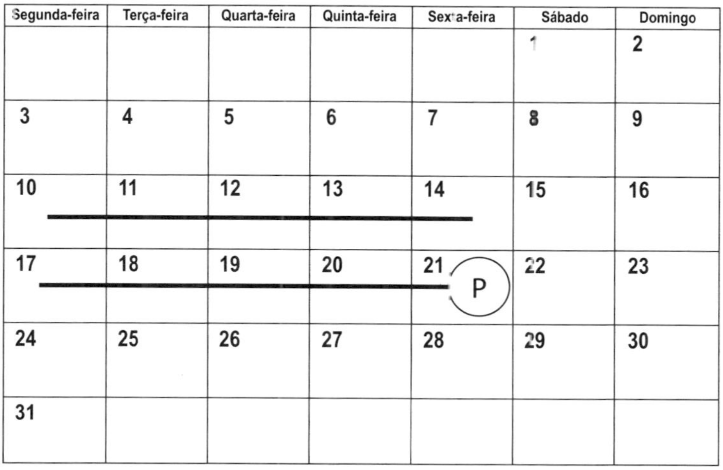

FIGURA 5. 10 — INÍCIO DO PROCESSAMENTO DE P

Gestão Visual do Fluxo

Seguindo esse raciocínio e utilizando os dados do Quadro 5.3, foi criada uma planilha de Excel, com as seguintes informações:

- o número de dias úteis necessários para o processamento das filas, em frente a cada recurso;
- quando cada recurso estaria disponível ou quando o último produto da fila seria totalmente processado;
- datas de entrega do último produto da fila em função do caminho percorrido:
    - **a.** 11/4/21 para produtos que passam pelo Recurso 3 (Caminho 1)
    - **b.** 27/3/21 para produtos que passam pelo Recurso 4 (Caminho 2)

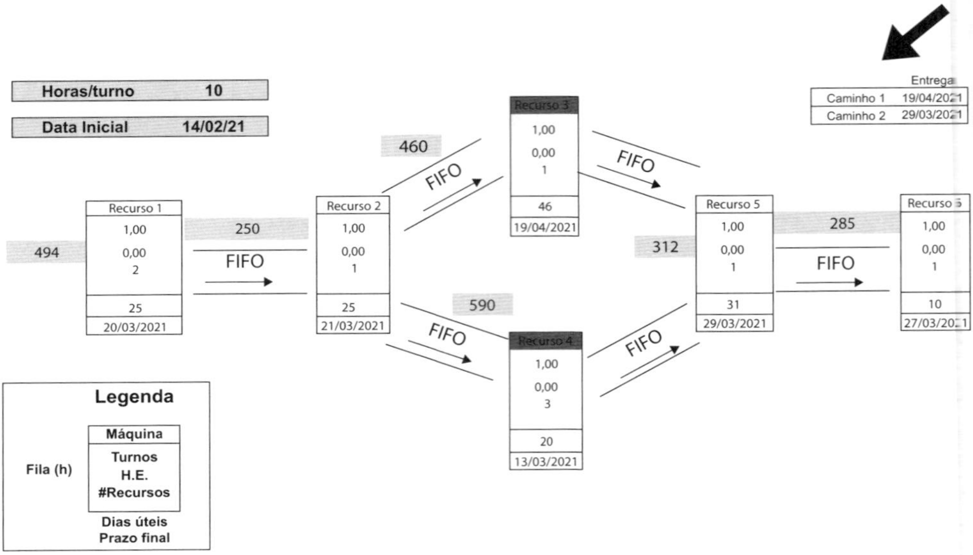

FIGURA 5.11 — CAMINHOS & GARGALOS FERRAMENTARIA ABC — 14/02/21

A equipe da Ferramentaria ABC passou a enxergar os gargalos[7] do processo e adequá-los **diariamente** às necessidades do negócio, através de reuniões no Gemba (Figura 5.12). Veja a Figura 2.8, no segundo capítulo, para mais ilustrações sobre os quadros de gestão visual desse *case*.

FIGURA 5.12 — REUNIÕES DIÁRIAS DE FOLLOW UP E SOLUÇÃO DE PROBLEMAS

Adequar a Conexão Gargalo à Necessidade do Negócio

Produto	Entrega	Recurso 1	Recurso 2	Recurso 3	Recurso 4	Recurso 5	Recurso 6
P11	10/4/21	50	22	60	0	30	20

TABELA 5.3

Supondo agora um novo produto a ser produzido, cujos tempos de processamento estão informados no Tabela 5.3. Seguindo-se as regras estabelecidas para as conexões, o produto P11 só poderá ser iniciado no Recurso 3, depois que sua fila for inteiramente consumida, o que aconteceria em 19/4 (Figura 5.11), data que não atende o cliente (10/4/21). Como vimos no Quadro 5.3, o tempo para se consumir uma fila é função, entre outros, do número de horas extras realizadas. Assim, para cumprir o prazo de entrega de P11, seria necessária a realização de duas horas extras diárias. A Figura 5.13 mostra os efeitos das horas extras no Recurso 3:

- Antes da inclusão de P11 — **Sem** horas Extras → Fila de 40 dias.
- Depois da inclusão de P11 — **Sem** horas Extras → Fila de 46 dias. Data de conclusão de P11: 19/4.
- Depois da inclusão de P11 — **Com** horas Extras → Fila de 38 dias. Data de conclusão de P11: 08/4.

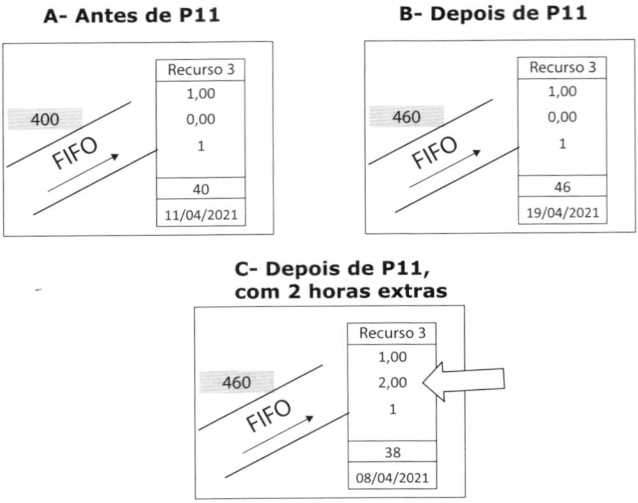

FIGURA 5.13 — GESTÃO DA CONEXÃO GARGALO

Uma vez implantado esse sistema, os gestores passaram a se preocupar *apenas* com o tempo necessário para que cada recurso processasse a respectiva fila.

A tabela a seguir mostra os indicadores do projeto, após doze meses da adoção da gestão da conexão gargalo:

Indicador	Início do projeto	Meta	Após 12 meses
% valor horas extras, em relação ao faturamento	5%	2%	0,92%
Pontualidade de entrega	48%	95%	98%

TABELA 5.4

Armadilhas — Chapas de Acrílico ABC

Adotar o Fluxo Contínuo *Prematuramente*

Ao chegar a outro de nossos clientes, a Chapas de Acrílico ABC, deparei-me com uma situação pouco comum: sua linha de produção havia sido **projetada** para trabalhar em fluxo contínuo e assim *funcionou* desde o primeiro dia. Contudo a linha ficava quase 70% do tempo disponível parada.

Para iniciar o processo de implantação, definiu-se o indicador **peso produzido no mês, por operador:**

$$KPI = \frac{\text{Produção do mês (toneladas)}}{\text{N° de colaboradores diretos}} = 1{,}5 \text{ toneladas-mês/operador}$$

EQUAÇÃO 5.2

O processo de produção da Chapas de Acrílico ABC pode ser assim resumido:

O Metil Metacrilato (MMA) — matéria-prima básica da chapa de acrílico — é preparado (na forma líquida) e *despejado* em moldes de vidro:

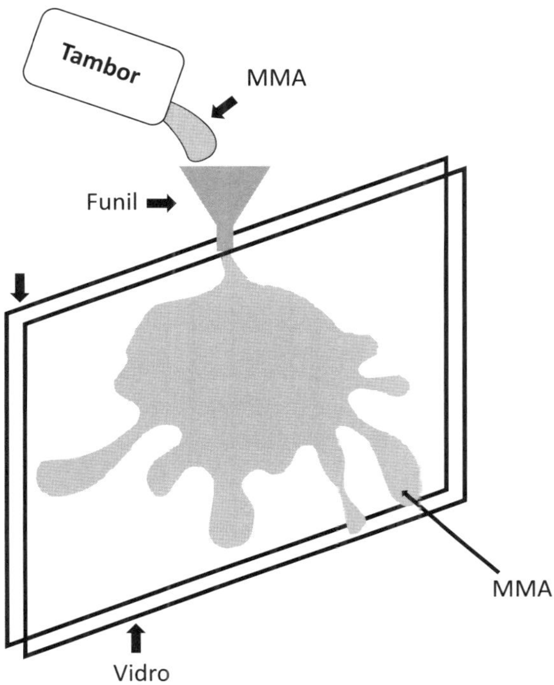

FIGURA 5.14 — ABASTECIMENTO DO MOLDE COM MMA

O MMA preenche o molde e *forma* a chapa:

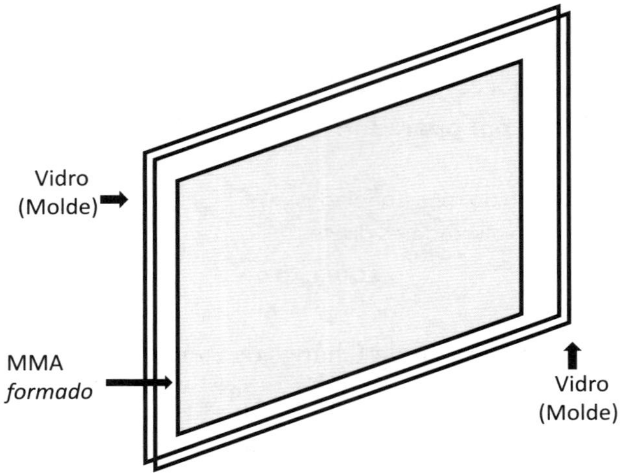

FIGURA 5.15 — SANDUÍCHE VIDRO + MMA FORMADO + VIDRO

Os sanduíches são levados para autoclaves[8], onde o MMA polimeriza (endurece), gerando assim a chapa de acrílico:

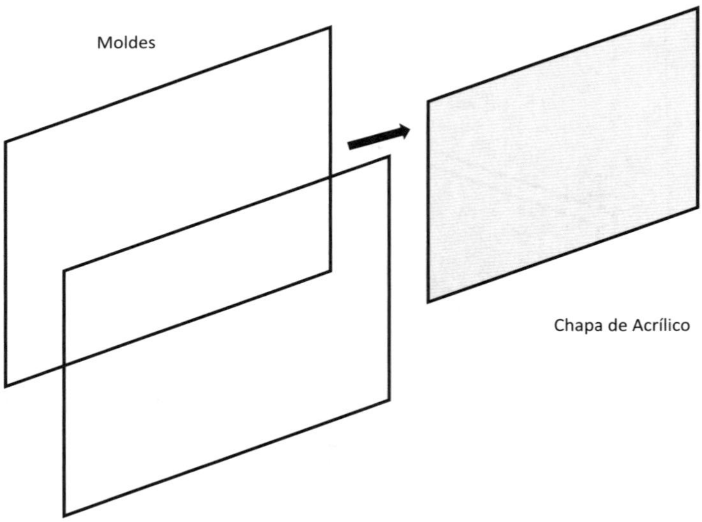

FIGURA 5.16 — CHAPA DE ACRÍLICO

O fluxo de produção[9] está representado na Figura 5.17:

1. Limpar moldes de vidro — Tempo médio de 100 segundos.
2. Despejar MMA nos moldes de vidro (enchimento) — Tempo médio de 165 segundos.
3. Fechar moldes — Tempo médio de 105 segundos.
4. Colocar chapas na autoclave — Tempo médio de 95 segundos.
5. Remover chapa formada e enviar moldes de vidro para a etapa 1 — Tempo médio de 102 segundos.

Para atender à demanda de vendas, o Takt Time[10] deveria ser 110 segundos.

O processo de implantação focou-se em dois pontos:

- regras de conexão;
- estabilidade dos 4M[11].

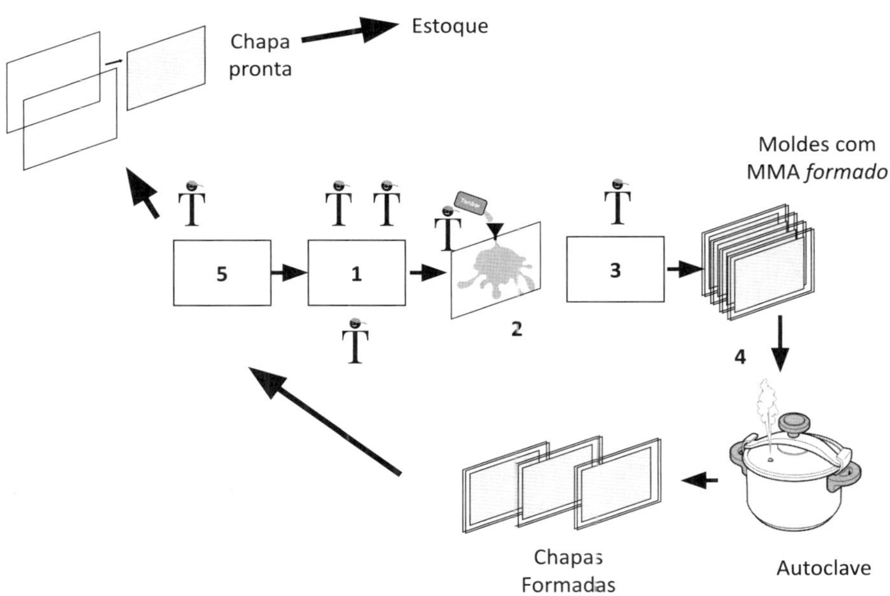

FIGURA 5.17 — FLUXO DE PRODUÇÃO DA CHAPA DE ACRÍLICO

Regras de Conexão

Uma vez mais, aplicamos as regras de conexão:

1. **Deve-se evitar a superprodução:** como o processo já foi criado para funcionar em fluxo contínuo, não havia superprodução.
2. **Os fluxos devem obedecer ao FIFO:** o fluxo contínuo projetado já respeitava o FIFO.
3. **Gargalos devem ser geridos diariamente:** os tempos de ciclo de produção dos diversos tipos de chapas de acrílico[12] **não variavam** significativamente, logo, para obter-se o fluxo contínuo, bastava que fossem menores que o Takt Time. Os tempos foram plotados num gráfico (figura a seguir), em que nota-se que a operação 2 (*enchimento*) é o gargalo do processo.

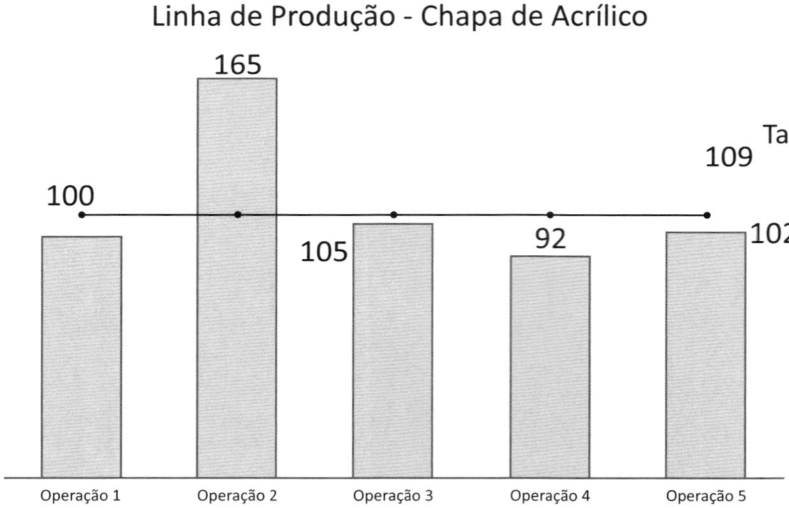

FIGURA 5.18 — TEMPOS DE CICLO X TAKT TIME

Apesar de todos os Kaizens realizados, não foi possível reduzir significativamente o tempo de ciclo da operação de enchimento. Logo, a solução foi *dividir o tempo* ao meio, através da sua *duplicação*.

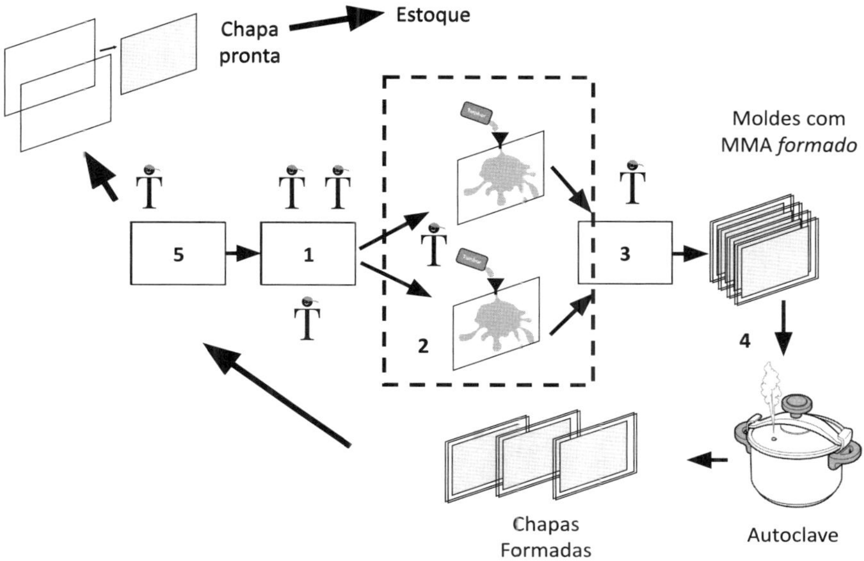

FIGURA 5.19 — DUPLICAÇÃO DO GARGALO

A figura a seguir mostra a nova representação gráfica do processo:

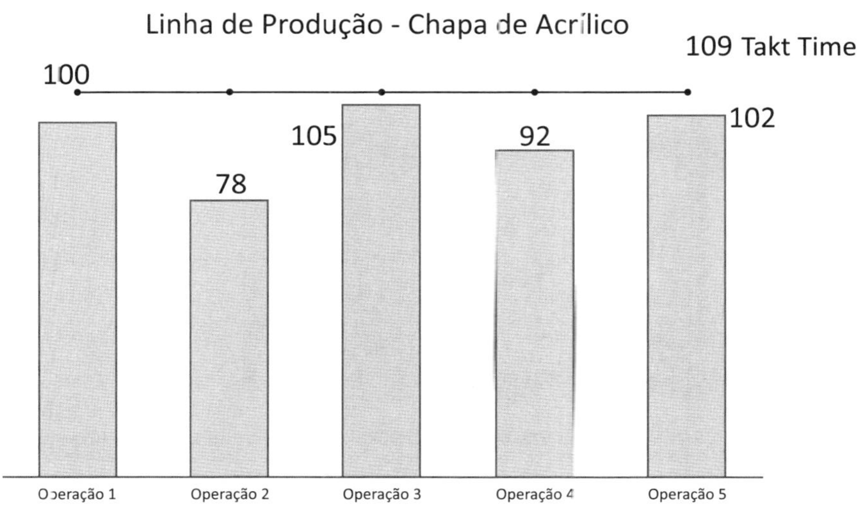

FIGURA 5.20 — REPRESENTAÇÃO GRÁFICA DO NOVO PROCESSO

Uma vez que o gargalo foi subordinado ao Takt Time, o próximo passo foi a estabilização dos 4M. Como o fluxo contínuo evidencia problemas de forma rápida, inicialmente, o foco foi a matéria-prima, mais especificamente, o abastecimento do MMA e de componentes descartáveis e reutilizáveis do processo. Segundo a gestão visual do processo, a falta de MMA figurava como um dos principais motivos de parada da linha.

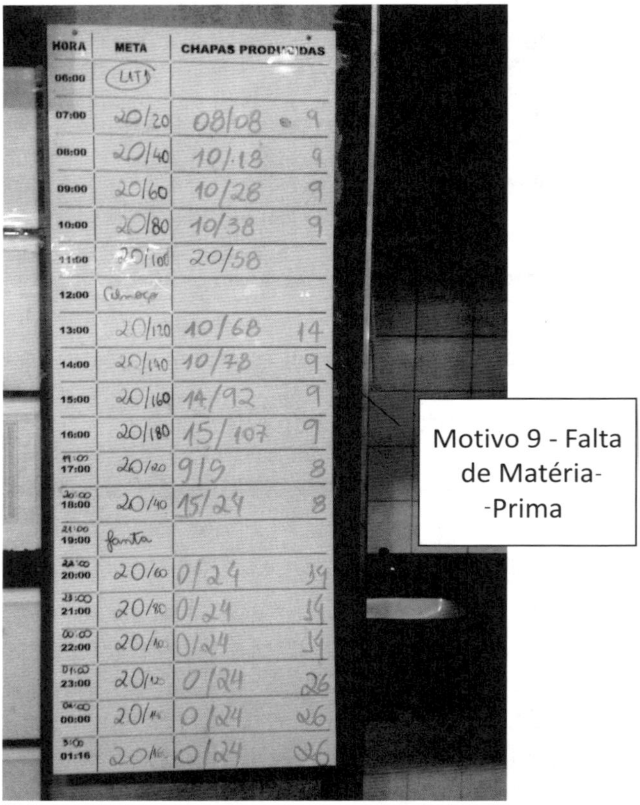

FIGURA 5.21 — GESTÃO VISUAL — PRODUÇÃO DE CHAPAS DE ACRÍLICO

Depois de vários ciclos de melhoria, a produtividade da linha aumentou, o KPI do processo passou de 1,5 toneladas/mês, por colaborador, para 2,7 toneladas/mês, por colaborador; um ganho de quase 80%.

CAPÍTULO 6

Nivelamento

Geralmente, quando você tenta aplicar o Sistema Toyota de Produção, a primeira coisa que deve fazer é nivelar a produção.

FUJIO CHO

Propósito do Artefato

Heijunka (pronuncia-se *reijunca*) é um termo em japonês que pode ser traduzido por **nivelamento**. O Heijunka tem como propósito:

- minimizar os efeitos que os picos e vales de demanda causam nos processos fim do negócio (linha de produção, centro cirúrgico, colheita da cana-de-açúcar etc.);
- aumentar a flexibilidade dos processos, permitindo atendimento imediato às alterações da demanda.

Num processo nivelado, o volume total a ser entregue deve ser dividido em pequenas quantidades (lotes). Um efeito colateral positivo dessa divisão é que lotes menores **evidenciam problemas mais rapidamente** (Crença #1).

Entendendo o Artefato

Os 3M's

Primeiramente, vamos conhecer um pouco mais sobre os 3M's. Na figura a seguir, o caminhão, com capacidade para transportar três blocos de uma tonelada cada, é mostrado em várias situações:

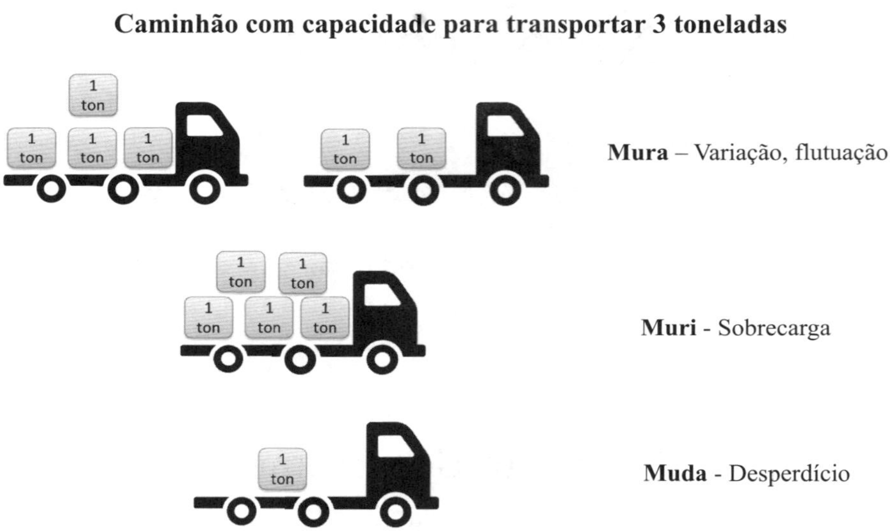

FIGURA 6.1 — OS 3M'S

Mura significa variação, flutuação, inconstância na demanda e/ou no conteúdo de trabalho. Pode ser ocasionado pela sazonalidade na demanda, vendas promocionais de produtos e serviços, ou ainda pelo próprio gestor do processo. No exemplo da Figura 6.1, às vezes o caminhão carrega quatro toneladas, às vezes duas toneladas.

Muri significa sobrecarga. Pode ocorrer em várias situações:

Pessoas

- Muri físico → Pessoas trabalhando em condições ergonômicas inadequadas.
- Muri mental → Pessoas trabalhando em processos que requerem capacidade de julgamento além de suas habilidades, em que tenham que tomar um número excessivo de decisões, ou ainda processos com sequência de trabalho não intuitiva.

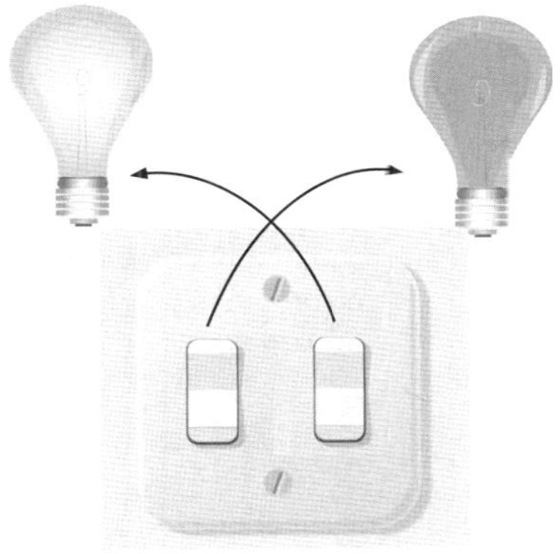

FIGURA 6.2 — MURI MENTAL — INTERRUPTOR DA DIREITA CONTROLA A LÂMPADA DA ESQUERDA

Máquinas: máquinas trabalhando com carga além da superior à especificada ou com manutenção deficiente.

Muda significa desperdício. Considerando-se que **valor são as características de um produto ou serviço, pelas quais o cliente está disposto a pagar,** desperdício é toda atividade, envolvida na obtenção do produto ou serviço, que não agrega valor. Dependendo do Gemba, os desperdícios têm definições um pouco diferentes.

Os Sete Desperdícios

Desperdício	Gemba			
	Escritório	Fábrica	Logística	Saúde
Superprodução	Gerar produtos, componentes ou informações (relatórios, dados etc.) para os quais o cliente do processo não fará uso imediato.			
Movimento	Movimento **de pessoas** para obtenção de informações, para encontrar ou alcançar utensílios, produtos, objetos e/ou outras pessoas.			
Transporte	Aprovação de documentos exigindo mais de uma assinatura. Troca de *cases* entre vários colaboradores.	Máquinas e/ou pessoas transportando produtos, materiais etc.	Rotas de abastecimento e/ou *picking* inadequadas.	Máquinas e/ou pessoas transportando produtos, materiais, pacientes etc.
Inventário (estoque)	Estoque de material de escritório, e-mails não lidos na caixa de entrada etc.	Estoques de matéria-prima e/ou produtos acabados.	Estoque desbalanceado. Mais estoque que o necessário. Ruptura de estoque.	Estoques de materiais de consumo, medicamentos e/ou informações.
Super-processamento	Fornecer qualidade superior à requerida pelo cliente (ou paciente). Executar etapas desnecessárias ou redundantes para obtenção de um produto ou serviço. Inspeção. Conferência de cargas. Posição palete com ocupação parcial (*estocando ar*).			
Defeito/ Retrabalho	Erros na entrada de dados, reescrever um relatório, reprocessar uma transação eletrônica.	Materiais, produtos e/ou serviços não conforme.	Erros de separação, inventários desatualizados, avarias.	Pessoas respondendo aos mesmos questionamentos, mais de uma vez.
Espera	Esperar por informações e/ou atividades executadas por terceiros. Observar ciclos de máquinas, equipamentos.			

QUADRO 6.1 — OS SETE DESPERDÍCIOS

Observe que Mura gera Muri e Muri gera Muda:

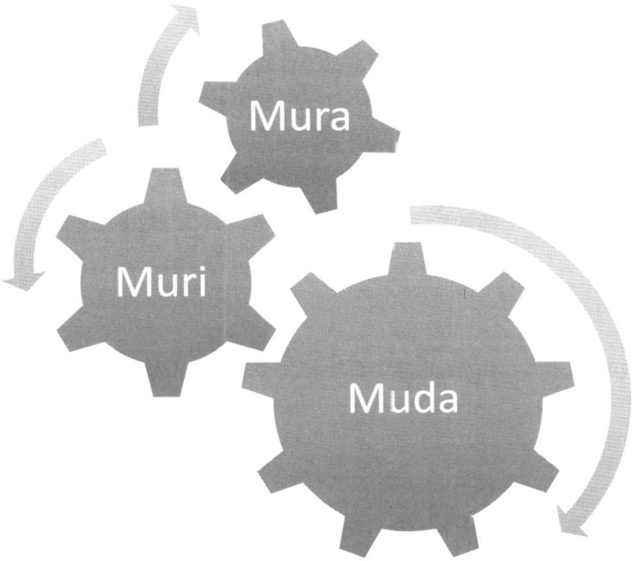

FIGURA 6.3 — MURA GERA MURI E MURI GERA MUDA

Segue um exemplo de utilização de técnicas de nivelamento para diminuir o Mura numa linha de montagem.

A linha fabrica dois tipos de produtos, com volumes descritos a seguir:

Produto	Unidades por semana	Conteúdo de Trabalho
Caminhonete	40	3.200"
Carro de Passeio	10	880"

TABELA 6.1

Na empresa convencional, a linha seria programada conforme a figura a seguir:

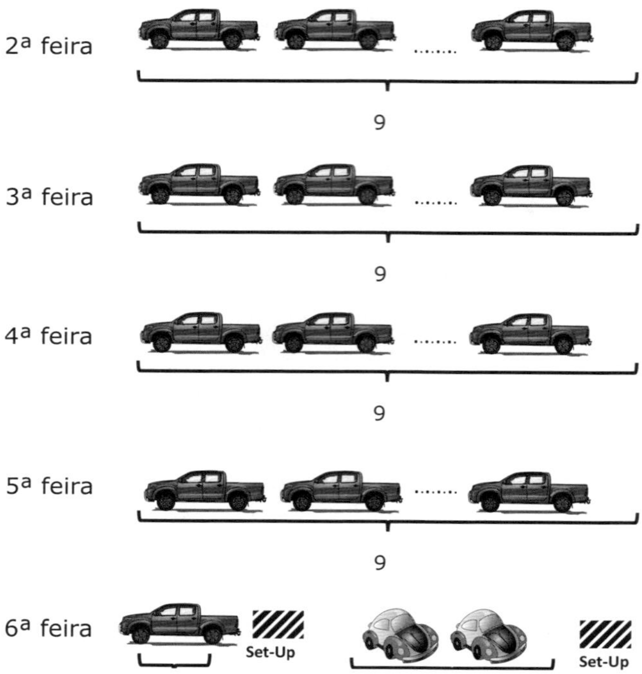

FIGURA 6.4

Esse planejamento de produção traz várias implicações:

- uso desbalanceado dos recursos: parte dos recursos necessários à operação de segunda a quinta ficará ociosa na sexta (MUDA);
- o cliente nem sempre compra conforme a previsão: ao comprar menos que o planejado, gerará Muda. Ao comprar mais, gerará Muri;
- propagação de Mura para os processos fornecedores.

A figura a seguir mostra um exemplo de produção nivelada (Heijunka):

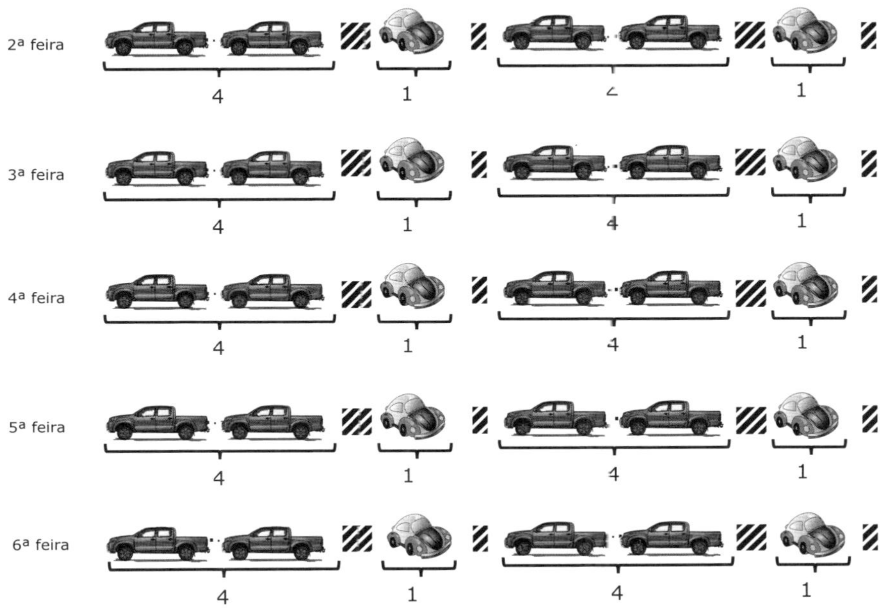

FIGURA 6.5 — NIVELAMENTO

Essa forma de planejar a produção traz várias vantagens:

- alterações na programação de compras do cliente poderão ser atendidas mais facilmente;
- uma eventual não conformidade num dos componentes do carro de passeio será notada na segunda-feira e não na sexta-feira, como no planejamento anterior (Crença #1);
- tempos de setups muito longos **deverão** ser diminuídos (Crença #1).

É importante notar que o nivelamento adotado no exemplo focou a demanda: o volume de entregas da caminhonete (40) é quatro vezes maior que o volume de entregas do carro de passeio (10). Porém há casos em que, além dos volumes, deve-se também focar o **conteúdo de trabalho**[1] das saídas[2] do processo, **sejam elas peças, cirurgias, tonela-**

das de cana-de-açúcar ou propostas de seguros, por exemplo. Isso se deve ao fato de que, em termos absolutos, as variações de tempo num processo com um conteúdo de trabalho grande (cirurgias extensas, por exemplo) serão maiores que as daqueles com um conteúdo de trabalho pequeno.

Exemplos de Aplicação

Para ilustrar a aplicação do Heijunka, utilizarei dois exemplos:

EXEMPLO 1 — COLHEITA DE CANA-DE-AÇÚCAR — MURA POR VARIAÇÃO DE TEMPO DE CICLO

A seguir, será discutida a aplicação do Heijunka, no processo de colheita de cana-de-açúcar da Fazenda XYZ, um de nossos clientes localizado no estado de Goiás.

O Processo

A Fazenda XYZ deve enviar 80[3] toneladas de cana-de-açúcar por hora para a Usina MV, produtora de Etanol. Diariamente, as três **colheitadeiras** colhem a cana-de-açúcar em **várias áreas de colheita** (pré-determinadas pela Usina MV), abastecendo cinco **tratores** que levam o vegetal até o ponto de despacho, onde caminhões bitrem aguardam para serem carregados para, em seguida, transportar a cana até a Usina MV.

Veja a legenda na figura a seguir:

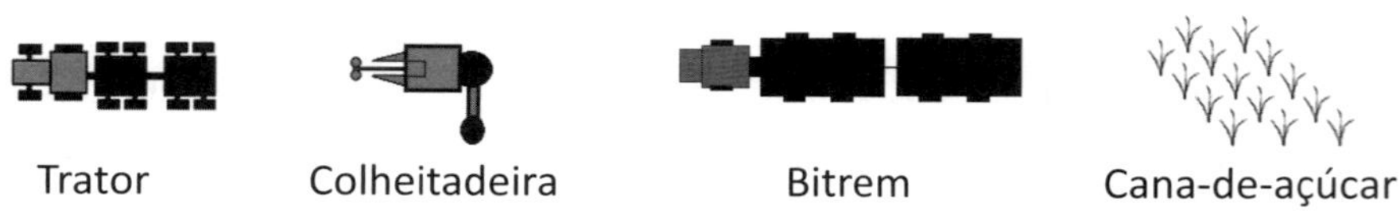

FIGURA 6.6 — LEGENDA

Nesse exemplo, discutirei uma situação em que as três áreas de colheita estavam localizadas a 5km, 10km e 30km do ponto de despacho[4]. Inicialmente, **todas** as colhedoras e **todos** os tratores trabalhavam numa única área, colhiam e transportavam toda a cana ali colhida e, só depois, seguiam para a próxima área:

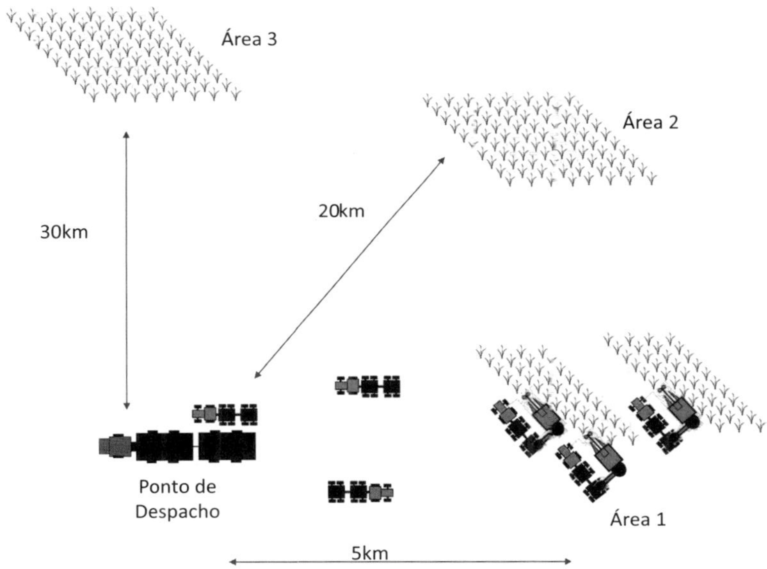

FIGURA 6.7

Como resultado, quando a colheita se dava em áreas próximas ao ponto de despacho:

- os tratores formavam filas (superprodução) para descarregar a cana no caminhão bitrem;
- faltavam tratores na área de colheita e as colheitadeiras paravam (desperdício de espera).

Por outro lado, quando a colheita era realizada em áreas mais distantes do ponto de despacho, faltavam tratores no processo de carga do bitrem, gerando desperdício de espera.

Você consegue enxergar o Mura no processo de carga?

Entendendo o Mura no Processo

Primeiramente, vamos calcular a quantidade de tratores (recursos) necessários para atender à demanda de fornecimento de cana para a usina, através da seguinte equação:

$$\text{Quantidade de Recursos}^5 = \text{N° de Tratores} = \frac{\text{Tempo de Ciclo}}{\text{Takt Time}}$$

EQUAÇÃO 6.1

Cálculo do Takt Time

Considerando:

- demanda: 80 toneladas por hora;
- capacidade do caminhão bitrem: 80 toneladas;
- capacidade do trator: 20 toneladas.

<u>São necessários quatro tratores para abastecer um caminhão.</u>

Assim, o Takt Time do processo foi calculado pela seguinte equação:

$$\textbf{Takt Time} = \frac{\text{Tempo Disponível no Período}}{\text{Demanda no Período}} = \frac{\text{60 minutos}}{\text{4 tratores}} = \text{15 minutos}$$

EQUAÇÃO 6.2

Ou seja, a cada 15 minutos, um trator deveria descarregar 20 toneladas de cana no bitrem.

Tempos de Ciclo

Em função das distâncias entre as áreas de colheita e ponto de despacho variarem, o conteúdo de trabalho do carregamento (tempo de ciclo) também varia.

Considerando:

- velocidade média do trator = 40km/h;
- tempo necessário para a colhedora carregar o trator (carga) = 15 minutos;

- tempo necessário para o trator descarregar a cana no bitrem (descarga) = 10 minutos.

Os tempos de ciclo serão:

Área de colheita	Distância	Tempo de carga	Tempo de descarga	Tempo de percurso (ida e volta)	Tempo de ciclo
Área 1	5km	15 minutos	10 minutos	15 minutos	40 minutos
Área 2	20km			60 minutos	85 minutos
Área 3	30km			90 minutos	115 minutos

TABELA 6.2

Usando a equação a seguir, que calcula a quantidade de recursos:

$$\text{Quantidade de Recursos} = \quad \text{N° de Tratores} = \frac{\text{Tempo de Ciclo}}{\text{Takt Time}}$$

EQUAÇÃO 6.3

Analisando a Tabela 6.3, ficam claros os porquês dos desperdícios de superprodução e espera, pois, considerando que a Fazenda XYZ **sempre** usava cinco tratores:

- quando a colheita era realizada na Área 1, havia dois tratores em excesso;
- quando a colheita era realizada na Área 2, faltava um trator;
- quando a colheita era realizada na Área 3, faltavam três tratores.

Área de Colheita	Distância	Tempo de Ciclo	Takt Time	N° de Tratores
Área 1	5km	40 minutos	15 minutos	3
Área 2	20km	85 minutos		6
Área 3	30km	115 minutos		8

TABELA 6.3

Nivelando

Para efetuar o nivelamento, a Fazenda XYZ passou a planejar a produção buscando atuar com o menor número de tratores possível. Primeiramente, considerou-se o potencial de fornecimento de cana de um trator, num período de uma hora, **em função da Área de Colheita**, calculada pela equação a seguir:

$$\text{Potencial de Fornecimento (ton/h)} = \frac{\text{60 minutos}}{\text{Tempo de Ciclo da área}} \times \text{20 toneladas}^{6}$$

EQUAÇÃO 6.4

Área de colheita	Distância	Tempo de ciclo	Potencial de fornecimento (tonelada/hora)
Área 1	5km	40 minutos	30
Área 2	20km	85 minutos	14
Área 3	30km	115 minutos	10

TABELA 6.4

Assim, para o atendimento da demanda de 80 toneladas/hora, a equipe de planejamento passou a variar a quantidade de tratores alocados em cada **área** de colheita:

Área de Colheita	Potencial de Fornecimento (ton/h)	Tratores Alocados na Área	Quantidade Fornecida por hora (ton)
Área 1	30	1	30
Área 2	14	2	28
Área 3	10	2	20
Total 78 ton			

TABELA 6.5

Logicamente, no dia a dia, as distâncias entre as fazendas e as áreas de despacho variavam. Para cada situação, o planejamento de produção criava uma combinação.

EXEMPLO 2 — FABRICAÇÃO DE BIQUÍNIS — MURA POR VARIAÇÃO DE QUANTIDADE

A seguir, será discutida a aplicação do Heijunka no processo da Biquínis ABC, um de meus clientes do segmento têxtil.

O Processo

Quando auxiliei a Biquínis ABC, a confecção possuía uma linha própria de moda praia, com coleções anuais com aproximadamente 2 mil Stock Keeping Units (SKUs), divididos entre biquínis e tangas:

Família	Modelos	Tamanhos	Padronagem (cores e estampas)	SKUs
Biquínis	20	4	10	800
Tangas	25		12	1.200
				Total 2.000

TABELA 6.6

Contava também com um estoque de, aproximadamente, 15 mil peças (tangas e biquínis), **criado como tentativa de aumentar a pontualidade das entregas.** Os SKUs eram vendidos por 10 lojas, que os compravam diretamente da fábrica. As lojas enviavam os pedidos de compra até o 5º dia de cada mês e a fábrica — com uma capacidade média de produção próxima a 8.500 peças/semana — deveria produzi-los e despachá-los até o dia 30.

Na tabela a seguir, veja o volume mensal de compras nas lojas:

Loja	Volume de Compras
Loja 1	3.790
Loja 2	3.360
Loja 3	3.790
Loja 4	3.060
Loja 5	4.140

(continua)

(continuação)

Loja 6	3.850
Loja 7	4.620
Loja 8	1.840
Loja 9	2.700
Loja 10	2.700
Total	**33.850**

TABELA 6.7

A produção estava dividida em três setores, **com mão de obra dedicada:**

CORTE DE TECIDO → COSTURA → ACABAMENTO & EMBALAGEM

Com a ideia equivocada de que lotes maiores aumentam a produtividade, o planejamento de produção aguardava que as dez lojas enviassem seus pedidos, para depois agrupar os SKUs que se repetiam em cada pedido. Uma vez definida a demanda bruta de cada SKU, o pessoal do estoque abatia dessa quantidade os itens disponíveis, chegando assim à necessidade líquida de produção, num processo que durava de três a quatro dias. A partir daí, todas as ordens de serviço eram enviadas **de uma só vez** para a produção, onde os SKUs eram produzidos, separados segundo os pedidos das lojas e então despachados.

Como efeito dessa política de produção, havia:

- Mura no processo de corte, que ficava sobrecarregado nos primeiros dias do mês e ocioso, a partir da segunda ou terceira semana;
- Mura no processo de costura, que ficava ocioso no início do mês e sobrecarregado a partir da segunda ou terceira semana;
- Desperdício de superprodução, pois, como os pedidos eram processados em lotes, SKUs que atravessavam a produção mais rapidamente se acumulavam no setor de embalagem final, aguardando os

demais itens, uma vez que os pedidos não podiam ser parcialmente despachados para as lojas;

- Alta quantidade de horas extras, principalmente a partir da terceira semana do mês;
- Perda de lucratividade pois, anualmente, ao final de cada coleção, a Biquínis ABC era obrigada a vender itens *encalhados* a preços promocionais, a fim de diminuir seu estoque;
- Alto custo para manter o estoque de itens acabados, além do grande espaço ocupado;
- Alto nível de insatisfação dos lojistas, que, além de muitas vezes receberem seus pedidos com atraso, eram obrigados a *prever* suas vendas com um horizonte de até cinco semanas:

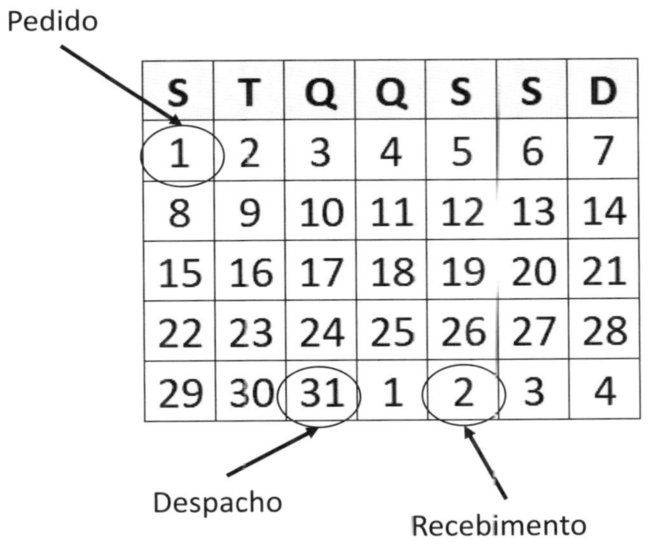

FIGURA 6.8 — CALENDÁRIO DE ENTREGAS

Nivelando

As lojas foram organizadas em **grupos,** de tal forma que a somatória do volume de compras de cada grupo fosse similar à capacidade de produção semanal da fábrica, 8.500 peças por semana:

Grupo	Lojas	Volume de Compras	Total do Grupo
G1	Loja 1	3.790	8.690
	Loja 4	3.060	
	Loja 8	1.840	
G2	Loja 3	3.790	7.930
	Loja 5	4.140	
G3	Loja 10	2.700	8.760
	Loja 9	2.700	
	Loja 2	3.360	
G4	Loja 7	4.620	8.470
	Loja 6	3.850	

TABELA 6.8

Em seguida, criou-se um calendário fixando as datas nas quais as lojas deveriam enviar os pedidos para a fábrica:

				Sem 1	Sem 2	Sem 3	Sem 4	Sem 5	Sem 6	Sem 7	Sem 8	Sem 9
	Lojas	Volume	Total	04/jan	11/jan	18/jan	25/jan	01/fev	08/fev	15/fev	22/fev	01/mar
G1	Loja 1	3.790	8.690			X				X		
	Loja 4	3.060										
	Loja 8	1.840										
G2	Loja 3	3.790	7.930				X				X	
	Loja 5	4.140										
G3	Loja 10	2.700	8.760	X				X				X
	Loja 9	2.700										
	Loja 2	3.360										
G4	Loja 7	4.620	8.470		X				X			
	Loja 6	3.850										

QUADRO 6.2

Por fim, os pedidos passaram a ser produzidos no sistema *FIFO*: cada pedido recebido era produzido em sua totalidade, sem aguardar os demais.

Como efeito da adoção do calendário de produção:

- reduziu-se o Mura no processo de corte, pedidos, costura e embalagem, pois a fábrica passou a produzir *a mesma* quantidade de itens, todas as semanas;
- as horas extras diminuíram significativamente;
- o estoque de produtos acabados foi reduzido a zero, disponibilizando a área antes ocupada por produtos, para instalação de células para confecção de camisetas (quando iniciei o projeto, havia um plano para a aquisição de um terreno e construção de um novo galpão, com esse fim);
- a satisfação dos lojistas aumentou, pois a pontualidade de entrega cresceu e o horizonte de previsão da demanda baixou para 12 dias:

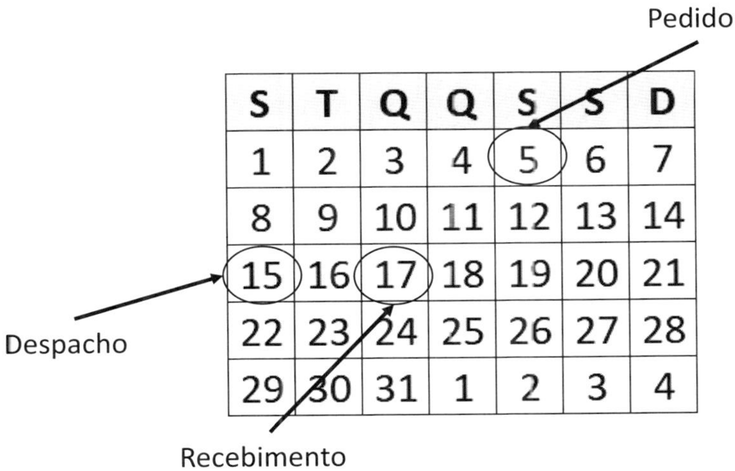

FIGURA 6.9

Armadilhas

- Não diminuir o tamanho dos lotes em função do aumento de tempo atividades de setup. Em vez de **não nivelar**, utilize técnicas de troca rápida para diminuir os tempos de setup.

CAPÍTULO 7

Relatórios A3

Ruim não é ter *um problema*.
Ruim é você ter o mesmo problema *todos os dias*.

Propósito do Artefato

Observando o modelo da Cultura Organizacional Lean (Figura 1.27 — Capítulo 1), nota-se que os relatórios A3 estão presentes em três dos quadrantes do modelo de cultura organizacional de melhoria contínua. Esse fato já mostra a grande importância desse artefato, no processo de aculturamento e operação do Lean.

Relatórios A3 são utilizados:

- Em processos de solução de problemas (Crença #2).
- Como elementos para o aprendizado lateral (Crença #3), uma vez que fornecem uma via para compartilhar o conhecimento e a adaptação de ideias, facilitando a consulta à história da solução de um determinado problema, a compreensão do processo de análise das causas raiz e proposta de hipóteses, isto é, as contramedidas.
- Pelos líderes, que, durante sua confecção, desenvolvem as quatro crenças nos membros de sua equipe (Crença #4).

Entendendo o Artefato

Desenvolvido numa folha medindo 11" x 17" (29,7cm x 42cm), um relatório A3 de Solução de Problemas deve:

- **Mostrar a clara compreensão do problema, baseando-se em dados e fatos:** é muito comum processos de solução de problemas fracassarem porque seus condutores pensam estar resolvendo o problema, mas estão, na melhor das hipóteses, atuando sobre um de seus efeitos. Compreender um problema e expressá-lo de forma objetiva é primordial para sua solução.
- **Deixar clara a relação entre as causas do problema e seus efeitos:** ao tornar explícitas as relações causa-efeito, os autores do relatório demonstram que, mais do que intuições ou pressuposições pessoais, baseiam-se em dados para conduzir o processo de solução de problemas.
- **Ser simples:** nada mais improdutivo, e por que não dizer entediante, do que um processo de solução de problemas explanado através de uma apresentação com dezenas (e às vezes centenas) de slides! Na Toyota, a apresentação de um relatório A3 deve ser realizada em, no máximo, dez minutos. Portanto a simplicidade e objetividade de seu conteúdo são **indispensáveis**. Para tanto, bons relatórios A3 utilizam elementos **visuais**, tais como gráficos, desenhos e fotos.
- **Alinhar as ações (contramedidas) e o propósito da organização:** afinal, por que estamos trabalhando na solução desse problema? Como a solução desse problema impactará o propósito da organização? A falta de alinhamento entre as contramedidas e o propósito da organização pode gerar ótimos locais: soluções que resolvem um problema numa área, trazendo efeitos colaterais indesejados em outras.

Tipos de Relatórios A3

Normalmente, são utilizados os seguintes tipos de relatórios A3:

- A3 de solução de problemas (estudado neste capítulo);
- A3 proposta — para embasar uma proposta que levará a organização do *estado A* para o *estado B*;
- A3 de status — para o acompanhamento de um plano de ação;
- A3 de informação — de formato livre — tem como objetivo transmitir informações sobre como executar um processo ou operação, documentar um fluxo de trabalho etc. Como exemplo, podemos citar relatórios de mapa de fluxo de valor, instruções de trabalho, entre outros.

Uma possível interação desses tipos de relatórios A3 pode ser vista na figura a seguir:

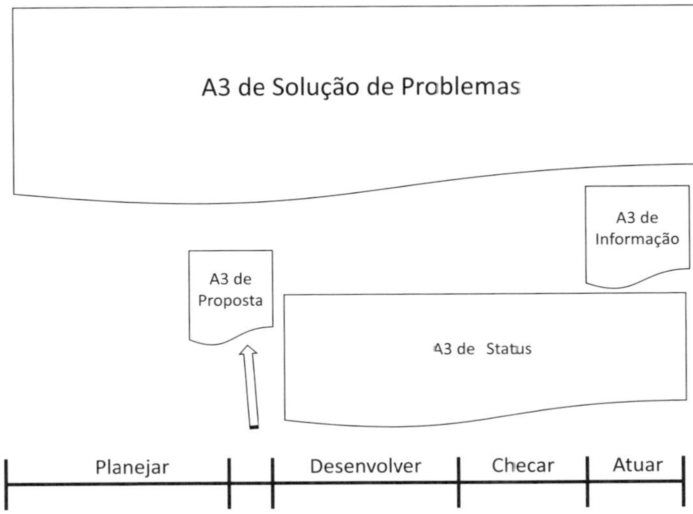

FIGURA 7.[illegible] — TIPOS DE RELATÓRIOS A3

Nessa figura nota-se que:

- O A3 de solução de problema (SP) documenta os quatro passos de um ciclo PDCA.
- O A3 proposta pode ser gerado entre a etapa de planejamento e desenvolvimento do ciclo PDCA. Usuários mais experientes podem gerá-los de forma isolada.
- O A3 de status relata o progresso das atividades definidas pelo relatório de SP.

A3 de Solução de Problemas — O coração do Sistema Toyota

Ao final do primeiro capítulo, discorremos sobre as crenças das pessoas da empresa Lean. Funcionando em conjunto, essas crenças promovem a criação de um ciclo virtuoso de disseminação e perpetuação da **cultura de melhoria contínua**: à medida que os problemas são detectados (Crença #1), devem ser resolvidos de forma eficaz (Crença #2). O conhecimento gerado no processo de solução dos problemas é compartilhado entre os elementos das diversas equipes (Crença #3). Os líderes, ao desenvolver e disseminar as quatro crenças entre seus subordinados (Crença #4), realimentam o ciclo e perpetuam a cultura Lean.

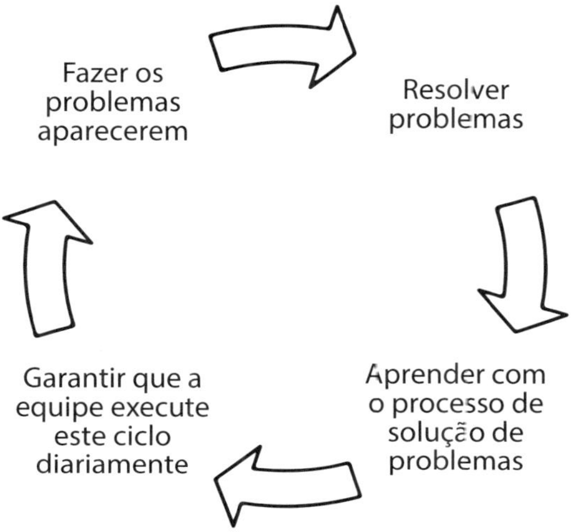

FIGURA 7.2 — A INTERAÇÃO DAS QUATRO CRENÇAS

Alguns pontos importantes:

- Fazer com que os problemas apareçam e não os resolver de forma eficaz e definitiva, levará a organização ao caos.
- Resolver problemas, mas não deixar claras as contramedidas, diminuirá drasticamente as chances de sucesso e a velocidade dos processos de melhoria (ver Capítulo 9).
- Líderes que não fomentam a Solução de Problemas freiam o desenvolvimento da sua equipe e, consequentemente, da organização.

Devemos utilizar esse tipo de A3 para solucionar problemas:

- repetitivos;
- para os quais existam dados históricos;
- cuja solução impacte positivamente a organização;
- cujas ações necessárias à sua solução estejam dentro da autonomia da equipe de SP.

A confecção de um relatório A3 de solução de problemas passa pelas seguintes etapas:

Ciclo	Passo	Palavras-Chave
Planejar	1- Definir o problema.	Onde estamos? Onde gostaríamos (ou precisamos) chegar?
	2- Entender o processo e definir prioridades.	O quê? Quem? Onde? Como? Por quê? Quando? Como?
	3- Definir metas.	Quando (dd/mm/aa) atingiremos nossas metas?
	4a- Encontrar e comprovar as causas raiz.	Por quê? — Portanto Dados e fatos.
	4b- Propor hipóteses.	Se... Então.
Desenvolver	5- Executar as contramedidas.	Quem é o responsável? Quando deve estar pronto?
Checar	6- Comparar: Processo proposto x realizado. Resultados previstos x obtidos.	O que vamos checar? Com que frequência vamos checar? Quem vai checar? O que estamos esperando encontrar e o que vamos fazer em relação a isso?
Atuar (Ajustar)	7- Se as metas foram atingidas, padronizar as contramedidas. Verificar a abrangência. Caso contrário, rodar mais um ciclo PDCA.	Padronizar novo ciclo.
	8- Reflexões (Hansei) e comemorações.	Veja capítulo 9.

QUADRO 7.1 — SEQUÊNCIA PROCESSO DE SOLUÇÃO DE PROBLEMAS

A figura a seguir ilustra um possível formato deste relatório:

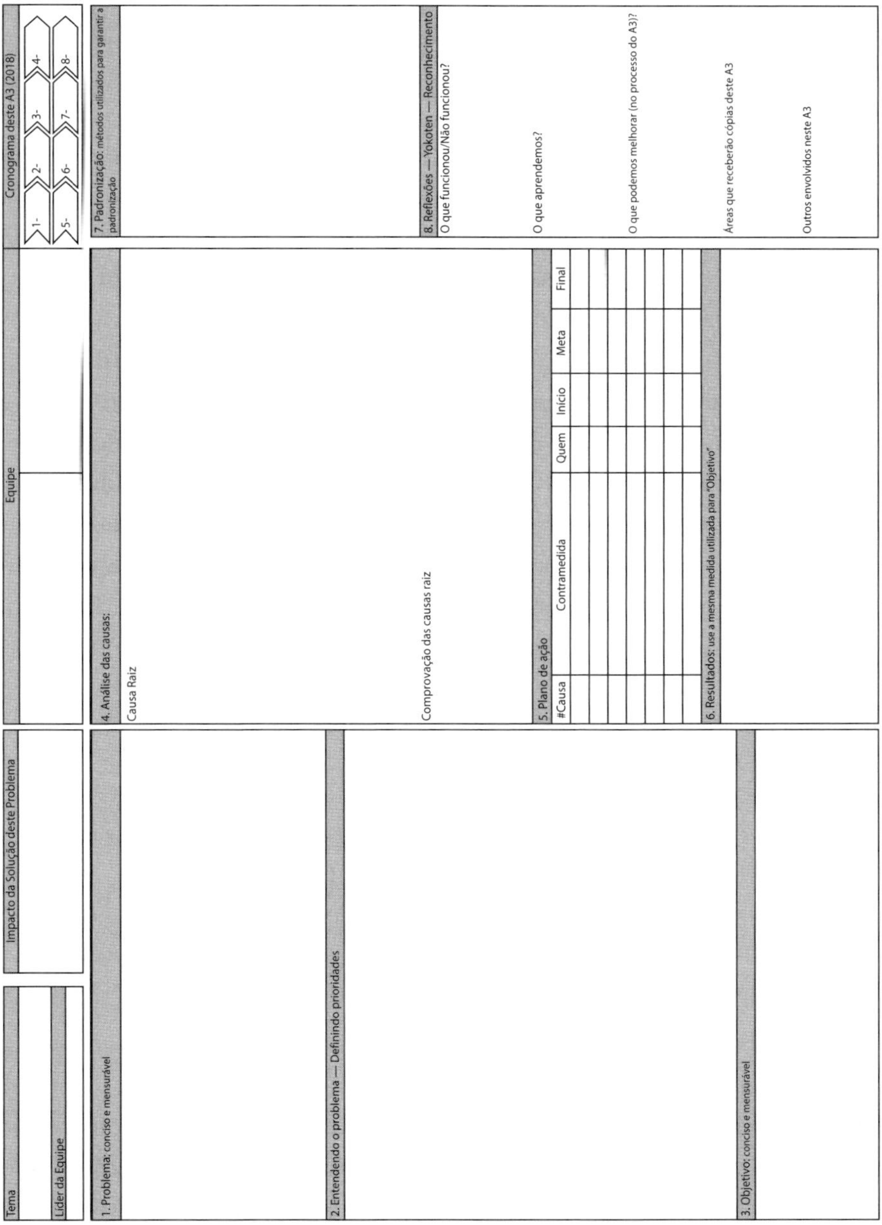

FIGURA 7.3 — RELATÓRIO A3 DE SOLUÇÃO DE PROBLEMAS

Exemplo de Aplicação — Clínica de Diagnóstico por Imagem

A seguir, um passo a passo para a criação de um formulário A3 de solução de problemas, para um problema na área da saúde.

A clínica de exames por imagem ImageClin possui uma demanda média de 20 ressonâncias magnéticas (RM) por dia (turnos de 8 horas e 20 minutos). Ao adquirir e instalar o equipamento necessário para os exames, o pessoal da clínica considerou que o **tempo médio de realização de uma ressonância magnética** (i.e., tempo que transcorre entre o momento que um paciente deixa a sala de exames, até o momento que se inicia o exame do paciente seguinte), seria de, aproximadamente, 25 minutos. Baseando-se nesses pressupostos (tempo e quantidade), iniciaram-se os agendamentos de exames. Meses depois, a administração da clínica passou a receber várias reclamações sobre o atendimento, sendo que algumas delas reportavam atrasos de até quatro horas nos exames!

Tema do A3

O tema de um relatório A3 deve conter uma frase que resuma o propósito do documento. Para o exemplo, o tema escolhido foi:

Redução do tempo de realização de exames de ressonância magnética.

Passo 1 — Definir o Problema

Por mais incrível que possa parecer, muitos processos de solução de problemas fracassam simplesmente pelo fato de seus condutores não saberem, ou pelo menos não possuírem um consenso, sobre **qual o problema será resolvido**!

Partindo-se do pressuposto que **um problema é um desvio de um padrão**, fica claro que, para definir-se corretamente um problema, necessitaremos:

- **De um indicador** — uma maneira de quantificar (medir) o problema, isto é, um modo de traduzi-lo em valores objetivos. Por exemplo, pacientes/hora, partes por milhão, tempo para realização de ressonâncias magnéticas etc.
- **Obter o valor atual deste indicador** — devemos ser capazes de responder à pergunta "Onde estamos?".
- **Conhecer o valor padrão do indicador** — devemos ser capazes de responder à pergunta "Aonde queremos chegar?".

Graficamente, podemos representar um problema conforme a figura a seguir:

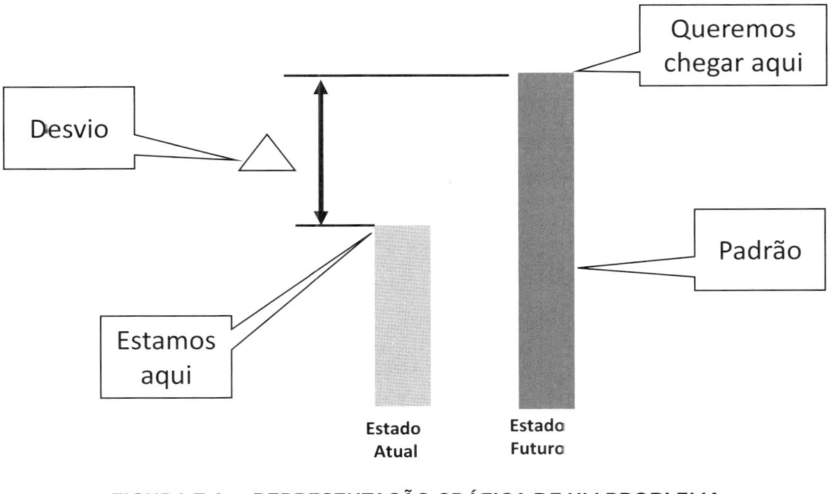

FIGURA 7.4 — REPRESENTAÇÃO GRÁFICA DE UM PROBLEMA

Exemplo: Na ImageClin, para que sejam realizadas 20 ressonâncias magnéticas por dia, o tempo total de execução de cada ressonância deve ser de 25 minutos (25' = 500' ÷ 20 exames). Durante uma semana, a equipe de melhoria contínua cronometrou os tempos totais de realização das RMs e criou o quadro a seguir:

	Seg	Ter	Qua	Qui	Sex	Média
08:00 09:00	54,3	53,9	54,6	53,9	54,6	54,3
09:00 10:00	37,7	37,3	37,9	37,3	37,9	37,6
10:00 11:00	37,2	36,9	37,5	36,9	37,5	37,2
11:00 12:00	37,6	37,2	37,8	37,2	37,8	37,5
14:00 15:00	55,0	55,1	55,1	55,1	55,0	55,1
15:00 16:00	37,6	37,3	37,7	37,1	37,5	37,4
16:00 17:00	37,1	37,2	37,2	37,2	37,1	37,2
17:00 18:00	37,0	37,1	37,1	37,1	37,0	37,1
						41,7

TABELA 7.1

A partir desse quadro, a equipe criou uma definição gráfica do problema e entendeu que seria interessante criar uma pequena frase para descrevê-lo:

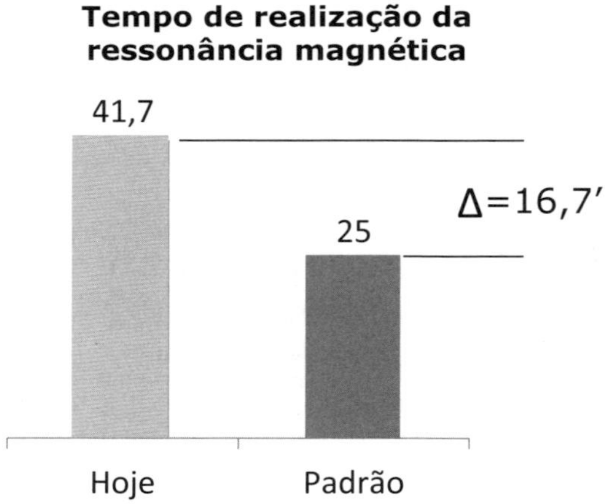

FIGURA 7.5 — DEFINIÇÃO GRÁFICA DO PROBLEMA

O tempo médio de realização de ressonâncias magnéticas é de 41,7', representando um desvio de 16,7' com relação ao padrão (25').

Observações:

- Mais uma vez, fica clara a importância de definirmos padrões (Normas — Crença #1), para fazer com que os problemas sejam notados.
- A definição do problema não deve conter expressões do tipo tempo de realização de exames **muito grande** ou exames **muito demorados**. Afinal, **muito alto** e **muito demorado** são expressões que não definem objetivamente uma grandeza.

Passo 2 — Entender o Problema — Definir prioridades

É **imprescindível** que a equipe que está desenvolvendo o A3 de solução de problemas compreenda o processo em que o problema é gerado. Para tanto, a equipe **foi até o local onde o problema ocorreu** e respondeu — **a partir de dados advindos de observações realizadas** in loco, às seguintes perguntas do quadro a seguir:

	Pergunta-chave
O quê?	O que está acontecendo com o processo? Ou o que deveria estar acontecendo com o processo? Que tipo de equipamento estava sendo utilizado quando o problema ocorreu?
Onde?	Onde ocorreu o problema? Quais as condições do Gemba no momento da ocorrência do problema?
Quando?	Em quais períodos de trabalho (1° ou 2° turno, início ou final de turno) ocorre? Quando o problema foi notado pela primeira vez?
Quanto	Com que frequência ocorre o problema?
Como?	Como é realizado o processo em que o problema é gerado? Em quais situações ocorre o problema?
Quem?	Quem estava envolvido? Os envolvidos haviam sido treinados? A eficácia dos treinamentos foi checada? Os envolvidos já haviam executado a tarefa com sucesso anteriormente?

QUADRO 7.2

Importante: **em hipótese nenhuma** a pergunta "**Quem?**" deve levar à busca de **culpados pelo problema**. Na esmagadora maioria dos casos, o problema (i.e., o desvio do padrão) definido no passo 1 é, na verdade, um efeito de vários fatores. No exemplo, isso quer dizer que o tempo excedente (16,7') é um efeito de fatores que ocorrem não só na sala de exames, mas também em outras áreas da clínica. O local onde é originado um problema é também conhecido como **ponto de causa (PdeC)**.

Para entender o que estava acontecendo, a equipe de SP foi até o Gemba e, após acompanhar alguns pacientes, identificou o fluxo de processo exibido na figura a seguir:

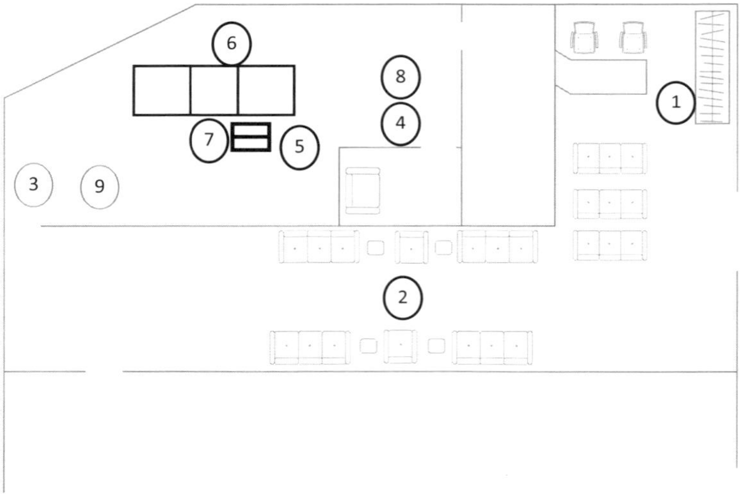

1. Paciente preenche ficha
2. Paciente aguarda até ser chamado(a) para exame
3. Paciente é chamado(a) para exame
4. Paciente veste traje de exame
5. Paciente sobe na maca
6. Exame é realizado
7. Paciente desce da maca
8. Paciente retira traje de exame e veste sua roupa
9. Próximo(a) paciente é chamado(a)

FIGURA 7.6 — FLUXO DO EXAME DE RESSONÂNCIA MAGNÉTICA

Os tempos de cada uma das etapas do fluxo foram colocados neste quadro:

Tempo médio							
	Exame	Chegar à sala	Colocar traje de exame	Subir na maca	Descer da maca	Retirar traje de exame	Subtotais
08:00 09:00	22,7	23,9	3,8	1,1	0,9	5,2	57,6
09:00 10:00	23,5	1,9	4,1	0,9	0,9	5,0	36,3
10:00 11:00	22,9	2,1	3,0	1,0	1,0	5,1	35,1
11:00 12:00	23,5	2,5	2,9	1,1	1,0	4,9	35,9
14:00 15:00	22,7	24,4	4,3	1,1	0,9	5,2	58,6
15:00 16:00	23,3	2,2	4,7	0,9	0,9	5,0	37,0
16:00 17:00	22,8	2,2	4,5	1,0	1,0	5,1	36,6
17:00 18:20	23,5	2,8	3,4	1,1	0,9	5,1	36,8
	23,1	7,8	3,8	1,0	0,9	5,1	**41,7**

TABELA 7.2

A equipe criou o gráfico da figura a seguir:

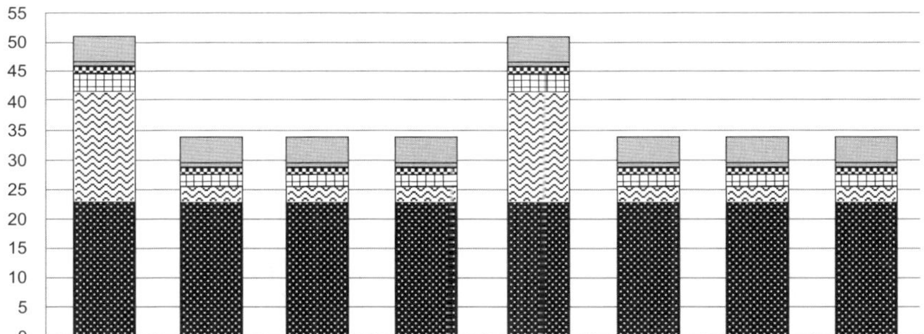

	08:00 09:00	09:00 10:00	10:00 11:00	11:00 12:00	14:00 15:00	15:00 16:00	16:00 17:00	17:00 18:00
Retirar traje de exame	4,4	4,2	4,3	4,1	4,4	4,2	4,3	4,3
Descer da maca	0,9	1,0	1,0	1,0	1,1	0,9	1,0	1,0
Subir na maca	1,1	0,9	1,0	1,1	1,1	0,9	1,1	1,1
Colocar traje de exame	3,0	2,6	2,4	2,3	2,6	3,1	2,4	2,8
Chegar à sala	18,7	1,9	2,1	2,0	19,7	1,9	2,2	1,7
Exame	22,7	23,5	22,9	23,5	22,7	23,3	22,8	22,7

FIGURA 7.7

Analisando o quadro, a equipe de SP notou que os exames realizados nas primeiras horas de funcionamento da recepção, isto é, entrada dos funcionários (8h) e retorno do almoço (13h) tinham tempos mais longos. Em seguida, para melhor visualizar as prioridades das ações, a equipe criou um gráfico de Pareto[1] com os tempos médios de cada etapa do processo (Figura 7.8). Nesse gráfico, ficou claro que as atividades de chegar à sala, retirar traje de exame e colocar traje consomem 89% do tempo que não agrega valor (espera) para o exame!

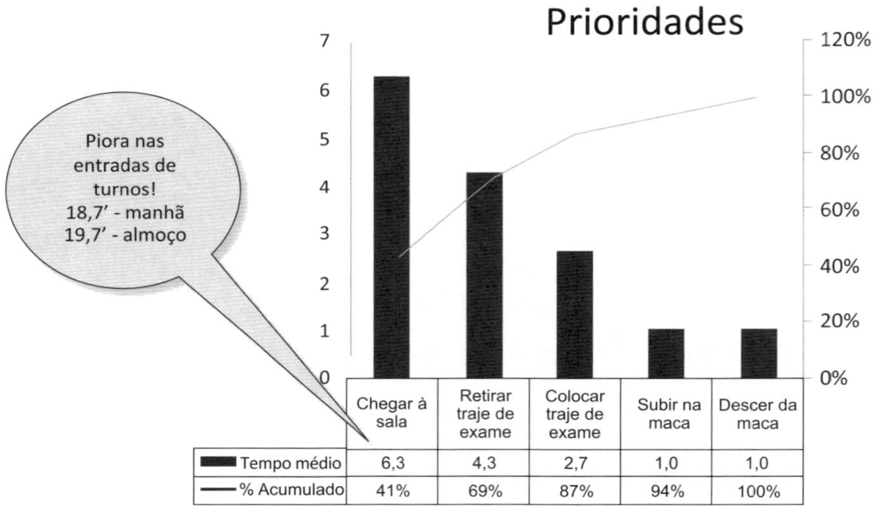

	Chegar à sala	Retirar traje de exame	Colocar traje de exame	Subir na maca	Descer da maca
Tempo médio	6,3	4,3	2,7	1,0	1,0
% Acumulado	41%	69%	87%	94%	100%

Pontos Críticos:

- Chegar à sala de exames
- Colocar/retirar trajes

FIGURA 7.8

Passo 3 — Definir Meta

Uma vez que já *traduzimos* o problema em termos de um indicador, definir a meta equivale a dizer **quando** o indicador atingirá **determinado valor.**

Importante:

- Inicialmente, defina prazos não superiores a quatro meses. Dessa forma, o follow-up do processo de SP será facilitado.
- Uma vez definido o prazo final, defina prazos intermediários.
- Represente graficamente a meta, utilizando o mesmo tipo de gráfico do passo 1.

A equipe de SP da ImageClin definiu a seguinte meta:

REDUZIR O TEMPO MÉDIO DE REALIZAÇÃO DE RESSONÂNCIAS MAGNÉTICAS PARA 25', ATÉ 23/9/12.

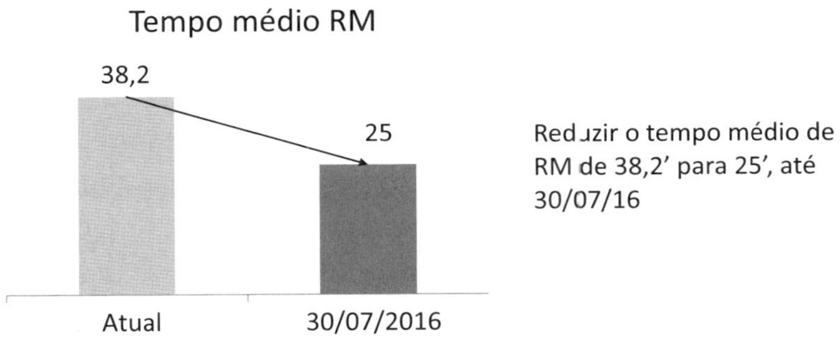

FIGURA 7.9

Até o momento, o A3 da Clínica de Diagnósticos XYZ ficou com o seguinte aspecto:

1. Problema: Conciso e mensurável

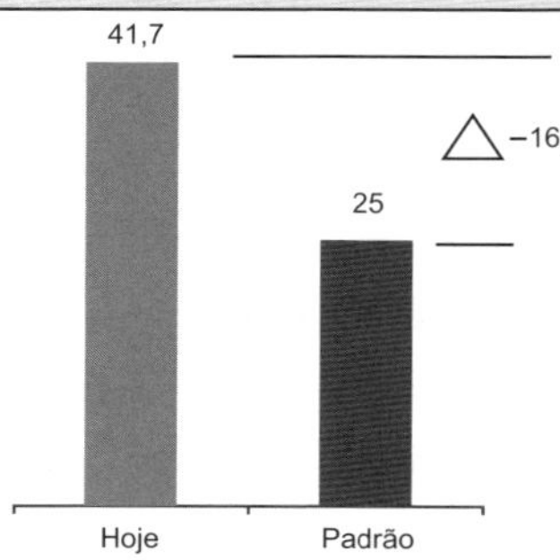

O tempo médio de realização de ressonâncias magnéticas é de 41,7' representado um desvio de 16,7' com relaçãoao padrão(25').

2. Entendendo o Problema - Definindo Prioridades

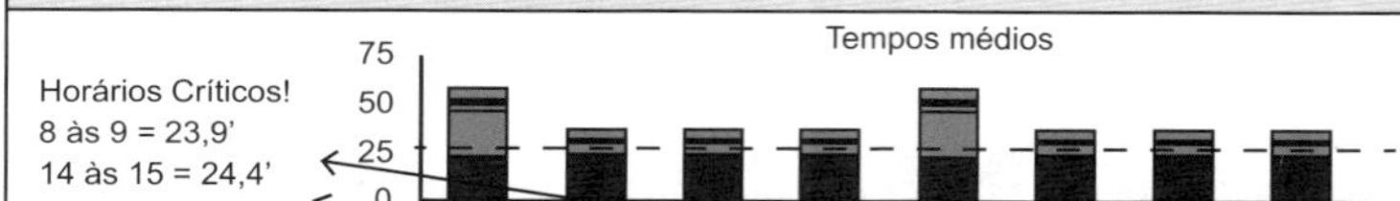

	08:00 09:00	09:00 10:00	10:00 11:00	11:00 12:00	14:00 15:00	15:00 16:00	16:00 17:00	17:00 18:00
Retirar traje de exame	5,2	5	5,1	4,9	5,2	5	5,1	5,1
Descer da maca	0,9	0,88	1	1	0,9	0,9	1	0,9
Subir na maca	1,1	0,9	1	1,1	1,1	0,9	1	1,1
Colocar traje de exame	3,8	4,1	3	2,9	4,3	4,7	4,5	3,4
Chegar à sala	23,9	1,9	2,1	2,5	24,4	2,2	2,2	2,8
Exame	22,7	23,5	22,9	23,5	22,7	23,3	22,8	23,5

Pontos de Causa

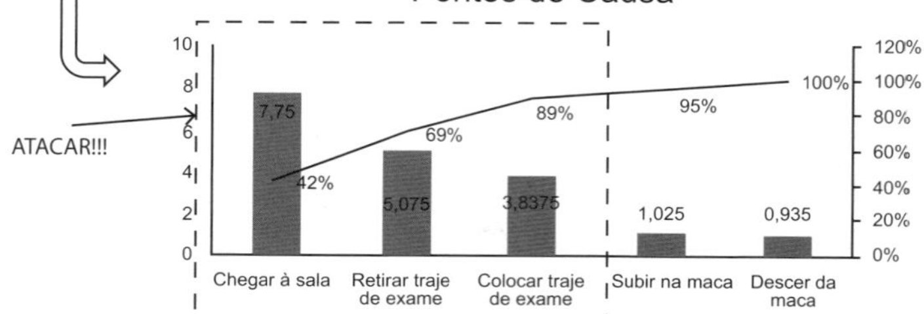

3. Objetivo: Conciso e mensurável

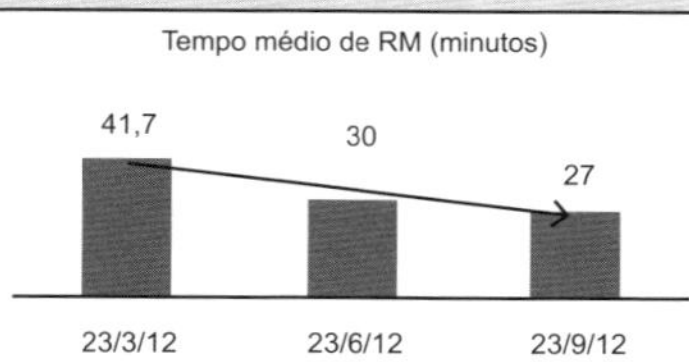

Reduzir o tempo médio das RMs para 27 minutos, até 23/9/12.

FIGURA 7.10 — PASSOS 1 A 3 DO FORMULÁRIO A3 DE SOLUÇÃO DE PROBLEMAS

Passo 4 — Encontrar as causas raiz

Existem várias técnicas para encontrar as causas raiz de um problema (a causa raiz de um problema é o elemento ou conjunto de elementos que, quando eliminado, evita definitivamente a reincidência do problema). Uma das opções é o diagrama de Ishikawa, também conhecido como espinha de peixe ou diagrama de análise causa × efeito. Segundo essa técnica, os problemas são causados por variações em pelo menos um de quatro elementos (4Ms) do processo:

- **M**ão de obra;
- **M**étodo (i.e., processo);
- **M**áquina;
- **M**aterial.

Cada um dos 4Ms é posicionado numa das *espinhas* e, por fim, o problema é colocado na *cabeça* do peixe:

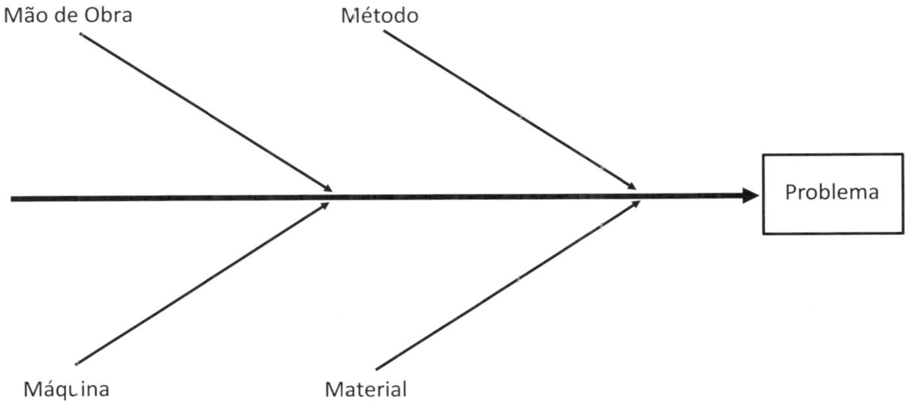

FIGURA 7.10A — DIAGRAMA ESPINHA DE PEIXE

Como alternativa ao diagrama de espinha de peixe, pode-se usar o **encadeamento de porquês:**

Ponto de Causa	Causas Potenciais				
	1º porquê	2º porquê	3º porquê	4º porquê	5º porquê
PdC 1	Resposta ao 1º porquê	Resposta ao 2º porquê	Resposta ao 3º porquê		
		Resposta ao 2º porquê	Resposta ao 3º porquê	Resposta ao 4º porquê	
PdC 2	Resposta ao 1º porquê	Resposta ao 2º porquê	Resposta ao 3º porquê	Resposta ao 4º porquê	Resposta ao 5º porquê
		Resposta ao 2º porquê	Resposta ao 3º porquê		

FIGURA 7.10B — ENCADEAMENTO DE PORQUÊS

À medida que se inicia a análise do problema, mais espinhas ou células são acrescentadas, seguindo a técnica dos 5 Porquês + 5 Portanto.

Taiichi Ohno — um dos mentores do Sistema Toyota — postulou que a causa raiz de qualquer problema será encontrada se, sucessivamente, perguntarmos por que determinada situação acontece. Para facilitar o entendimento desse conceito, vamos a um exemplo prático[2].

Notou-se que o Monumento de Abraham Lincoln, em Washington D.C. (EUA), estava deteriorando-se mais rapidamente que qualquer outro monumento daquela cidade. Utilizando-se a técnica dos 5 Porquês, buscou-se a causa raiz para esse problema:

1. **Por que** o monumento se desgasta mais que os demais?
2. Porque é limpo com mais frequência que os outros monumentos. **Por quê**?
3. Porque ali se acumulam mais dejetos de pássaros que nos outros monumentos. **Por quê**?
4. Porque há mais pássaros em volta deste monumento do que dos outros. **Por quê**?
5. Porque há mais insetos — comida preferida dos pássaros — em torno deste monumento. **Por quê**?

6. Porque o tipo de lâmpada que ilumina este monumento tem especificações diferentes das demais e atrai mais insetos. **Por quê?**

Para a sexta pergunta não há resposta lógica. Somente "porque sim"!

Quando nos deparamos com essa situação, temos um forte indício de que encontramos uma das causas raiz do problema: o tipo de iluminação que este recebe.

A partir desse ponto, para verificar se o encadeamento lógico dos 5 Porquês está correto, deve-se aplicar a técnica dos "5 Portanto". Essa técnica consiste em transformar as respostas aos porquês em afirmações, verificando se o encadeamento dessas afirmações (i.e., repostas) nos leva à causa raiz do problema, de uma forma lógica:

- (6) a lâmpada que ilumina o monumento de Lincon possui especificações diferentes das demais (causa raiz), **portanto...**
- (5) atrai mais insetos que as demais, **portanto...**
- (4) há mais pássaros, **portanto...**
- (3) ali se acumulam mais dejetos de pássaros, **portanto...**
- (2) o monumento deve ser limpo com maior frequência, **portanto...**
- (1) o monumento se desgasta mais (problema).

Observações:

- caso haja algum engano nas respostas aos porquês, será pouco provável que se consiga um encadeamento lógico dos portanto;
- a quantidade de porquês pode variar. Nem sempre são necessários cinco.

Vejamos agora como foi conduzido o processo de busca das causas raiz na ImageClin.

Baseados nas prioridades definidas no passo 1b, a equipe iniciou essa etapa buscando a causa raiz dos tempos significativamente maiores, necessários para que os pacientes chegassem à sala de exame, nos períodos de 8h–9h e 14h e 15h.

5 Porquês

1. Por que temos um desvio de 16,7'?
2. Porque os pacientes agendados nos períodos de 8h–9h e 14h–15h demoram mais para chegar à sala de exames. Por quê?
3. Porque nesses períodos, os pacientes são liberados pela recepção e vão para a sala de espera de exames com atraso. Por quê?
4. Porque o pessoal da recepção inicia suas atividades concomitantemente com o pessoal da área de exames de ressonância. Por quê?
5. Porque não há escalonamento de horários. Por quê?

Uma vez que para a quinta pergunta não havia respostas lógicas, conclui-se que a falta de escalonamento de horários poderia ser uma das causas raiz do problema. A equipe utilizou os 5 Portanto:

- ➥ (5) não há escalonamento de horários do pessoal da recepção (causa raiz), portanto...
- ➥ (4) o pessoal da recepção inicia suas atividades concomitantemente com o pessoal da área de exames de ressonância, portanto...
- ➥ (3) nesses períodos, os pacientes são liberados pela recepção e vão para a sala de espera de exames com atraso, chegando à sala depois do horário agendado para o exame, portanto...
- ➥ (2) os pacientes agendados nos períodos de 8h–9h e 14h–15h demoram mais para chegar à sala de exames, portanto...
- ➥ (1) temos um desvio de 16,7' (problema).

Ainda segundo as prioridades do passo 1b, a equipe buscou a causa raiz da espera referente ao tempo de retirada de traje de exame:

1. Por que temos um desvio de 16,7'?

2. Porque a equipe de exames tem que esperar 4,3' para o paciente retirar o traje de exame e vestir-se. Por quê?
3. Porque o vestiário é dentro da sala de exames. Por quê?

Entendendo que essa era a causa raiz, a equipe checou o processo com os 5 Portanto:

- ➥ (3) o vestiário é dentro da sala de exames, portanto...
- ➥ (2) a equipe de exames tem que esperar 4,3' para o paciente retirar o traje de exame e vestir-se, portanto...
- ➥ (1) temos um desvio de 16,7'.

Para encontrar as causas raiz do tempo para colocar o traje de exames (2,7') e do tempo de deslocamento nos demais horários (2,0' excluindo-se os tempos dos dois primeiros horários), a equipe utilizou a mesma metodologia.

O encadeamento de porquês desse processo pode ser visto a seguir:

Ponto de Causa	Por quê?	Por quê?	Por quê?	Por quê?	Por quê?
Demora — Pacientes 1º	Recepção libera com atraso	Recepção inicia jornada junto com pessoa de exames	1		
Equipe de RM espera 5,1' p/ o paciente retirar traje	Vestiário dentro da sala de RM	2			
Equipe de RM espera 3,8' p/ o paciente colocar traje	Vestiário dentro da sala de RM	2			
Demora — Pacientes outros horários	Layout da clínica 3				

FIGURA 7.11 — ENCADEAMENTO DOS PORQUÊS

Observações:

- as causas raiz são destacadas e numeradas para facilitar sua identificação;
- nem sempre perguntamos “Por quê?” cinco vezes;
- sugerimos que a equipe de SP atue sobre, no máximo, três causas raiz por A3.

Comprovar as causas raiz

Boa parte dos processos de solução de problemas fracassa em função da *urgência* de seus condutores em iniciar a fase da execução das contramedidas. Para aumentar as chances de sucesso do processo de solução de problemas, uma vez determinadas as causas raiz, devemos voltar ao Gemba para comprová-las. Essa comprovação pode ser feita através de fotos, diagramas, cópias de e-mail, procedimentos etc. A equipe de SP da ImageClin anexou ao A3 de SP as seguintes evidências:

- escala de funcionários (Figura 7.12);
- layout da clínica + descrição do processo de ressonância magnética (Figura 7.6).

#	Nome	Departamento	Carga horária diária
1		Recepção	8h às 12h – das 14h às 18h20
2		Enfermagem	
3		Exames	
4		Enfermagem	
5		Exames	
6		Enfermagem	
7		Exames	
8		Enfermagem	
9		Exames	
10		Recepção	
11		Exames	
12		Recepção	
13		Técnico RaioX	
14		Técnico RM	
15		Enfermagem	
16		Técnico RaioX	
17		Técnico RM	
18		Técnico RaioX	

FIGURA 7.12 — ESCALA DE FUNCIONÁRIOS

O passo 2 do A3 de solução de problemas passa a ter a seguinte aparência:

Ponto de Causa	Por quê?	Por quê?	Por quê?	Por quê?	Por quê?
Demora — Pacientes 1º	Recepção libera com atraso	Recepção inicia jornada junto com pessoa de exames (1)			
Equipe de RM espera 5,1' p/ o paciente retirar traje	Vestiário dentro da sala de RM (2)				
Equipe de RM espera 3,8' p/ o paciente colocar traje	Vestiário dentro da sala de RM (2)				
Demora — Pacientes outros horários	Layout da clínica (3)				

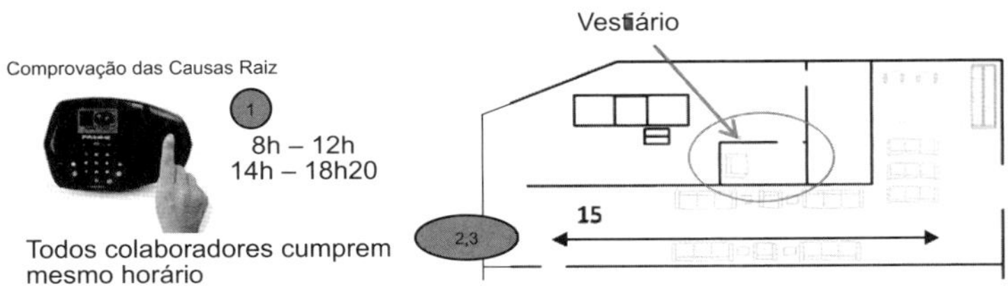

FIGURA 7.13 — PASSO 4 DO A3 DE SP

Passo 5 — Propor hipóteses, gerar e aprovar Contramedidas

Uma vez comprovadas as causas raiz, o time de SP deve analisá-las e propor hipóteses para eliminá-las. Propor uma hipótese nada mais é que construir uma frase do tipo:

Se <contramedida(s)>, então <efeito esperado com a aplicação da contramedida> e eliminaremos <o problema>.

Voltando ao exemplo, o time de SP propôs as seguintes hipóteses e sugeriu as contramedidas do quadro a seguir. As contramedidas devem ser aprovadas pela alta direção da organização. Dependendo da extensão, valores e quantidade de recursos envolvidos pode-se optar pela confecção de um A3 Proposta (ver Figura 7.1).

Causa Raiz	Contramedida (se...)	Efeitos (então...)	
#1- Não há escalonamento de horários	**Se** alterarmos o horário do pessoal da recepção, de forma que comecem a trabalhar 30 minutos antes da equipe técnica de ressonância magnética...	**então,** os pacientes estarão prontos para iniciar o exame no horário previsto...	
#2- O vestiário é dentro da sala de exames	**Se** construirmos vestiários fora da sala de exames...	**então,** o pessoal técnico não mais esperará que os pacientes coloquem e retirem os trajes para iniciar os exames...	e eliminaremos o desvio de 16,7'
#3- Sala de espera a 15m da sala de exames	**Se** aproximarmos a sala de espera da sala de realização de exames...	**então,** o pessoal técnico não mais esperará o deslocamento dos pacientes para iniciar os exames...	

QUADRO 7.3 — SE... ENTÃO...

Em seguida, cada uma das contramedidas foi desdobrada em ações, explicitando "O quê?" (fazer), "Quem?" (vai fazer) e "Até quando?" (vai fazer).

A equipe preencheu o relatório A3 com cada uma das atividades:

5 Causas raiz	Contramedidas	Quem	Início	Objetivo	Término
Escalonar horário da recepção: iniciar 30' antes da equipe de RM.	Solicitar ao RH a nova escala	Antônio Silva	07/05/12	13/05/12	13/05/12
	Aprovar proposta de escala	Antônio Silva	14/05/12	14/05/12	15/05/12
	Início do novo horário	Antônio Silva	01/06/12	01/06/12	04/06/12
Construir vestiários fora da sala de exames	Aprovar projeto arquitetônico	Mª do Carmo	07/05/12	04/06/12	03/06/12
	Contratação de empreiteira	Mª do Carmo	04/06/12	18/06/12	18/06/12
	Compra de material	M. Rodrigues	18/06/12	25/06/12	27/06/12
	Mudança de layout (reforma)	M. Rodrigues	26/06/12	31/08/12	30/08/12
Aproximar a sala de espera da sala de exames	Aprovar projeto arquitetônico	Mª do Carmo	07/05/12	04/06/12	05/06/12
	Mudança de layout	M. Rodrigues	26/06/12	31/08/12	31/08/12

FIGURA 7.14 — CONTRAMEDIDAS

Uma vez que as contramedidas foram implementadas, o layout da clínica passou a ser:

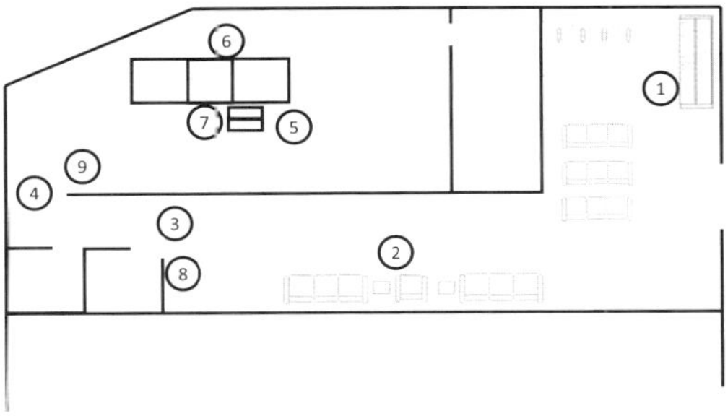

1. Paciente preenche ficha
2. Paciente aguarda até ser chamado(a) para o exame
3. Paciente coloca traje para exame
4. Paciente é chamado(a) para o exame
5. Paciente sobe na maca
6. Exame é realizado
7. Paciente desce da maca
8. Paciente retira traje de exame e coloca sua roupa
9. Próximo paciente é chamado(a)

FIGURA 7.15 — NOVO LAYOUT DA IMAGECLIN

Com o escalonamento de horários, o paciente tinha tempo hábil para preencher sua ficha e passou a aguardar ao lado dos vestiários. Quando um paciente era chamado para o exame, o paciente seguinte já trocava de roupa, aguardando sua vez já preparado para o exame.

Passo 6 — Checar

A fase de checar processos e resultados, apesar de muito importante, é comumente relegada para segundo plano. Portanto, antes de iniciá-la, deve ser realizado um planejamento adequado. A equipe da ImageClin elaborou seu plano, baseando-se nas seguintes perguntas:

- O que vamos checar?
- O processo foi realizado conforme o planejado?
- Como vamos checar?
- Quem vai checar?
- Com que frequência vamos checar?
- Onde, quando e até quando vamos checar?
- O que estamos esperando encontrar? O que faremos com relação a isso?

Os resultados obtidos durante essa fase foram plotados num gráfico:

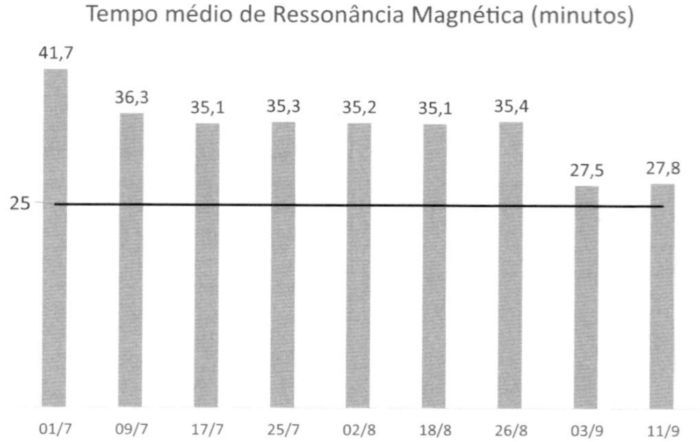

FIGURA 7.16 — RESULTADOS OBTIDOS

Passo 7 — Atuar: Padronizar e Treinar Envolvidos

Após a avaliação dos resultados efetuados no passo anterior, deve-se:

- padronizar os processos (contramedidas) que geraram os resultados desejados;
- e/ou, iniciar outro A3 de solução de problemas, para *fechar* eventuais GAPs do indicador.

Importante: inúmeras iniciativas de solução de problemas falham por falta de padronização das contramedidas tomadas.

No caso da ImageClin, padronizar os processos significou:

- criar escalas de horário para os próximos 12 meses — Antônio Silva — até 30/10/12;
- criar instrução de trabalho contemplando o novo fluxo de pacientes — M. Rodrigues — até 30/11/12;
- treinar colaboradores na nova IT — M. Rodrigues — até 30/11/12;
- iniciar outro A3 de solução de problemas, para fechar o Gap (2,8') — Antônio Silva — até 31/01/13.

Passo 8 — Reflexões, Yokoten e Reconhecimento

A equipe de SP da ImageClin chegou às seguintes conclusões:

O que funcionou/Não Funcionou?

- Envolvimento das áreas foi positivo.
- No início do processo de A3, não havia dados disponíveis.

O que aprendemos?

- Devemos registrar os problemas, à medida que estes surgem.

O que podemos melhorar (no processo de confecção do A3)?

- Sistema de coleta de dados.

Áreas que receberão cópias deste A3?

- Diretoria.
- RH.

Outros envolvidos neste A3?

- Maria José Gomes (RH).
- Lúcio Alves de Farias (Financeiro).
- Dr. Argeu Maia (Diretoria Médica).

Todos os elementos que estiverem de alguma forma envolvidos no processo de confecção do A3, direta ou indiretamente (i.e., fornecendo informações, anotando dados etc.) devem ser listados, informados sobre o status do projeto e, eventualmente, receber uma cópia do documento final. Quanto mais elementos da organização tiverem contato com esse artefato, mais rapidamente a cultura de melhoria contínua será disseminada.

A seguir, uma cópia do A3 de Solução de Problemas da ImageClin:

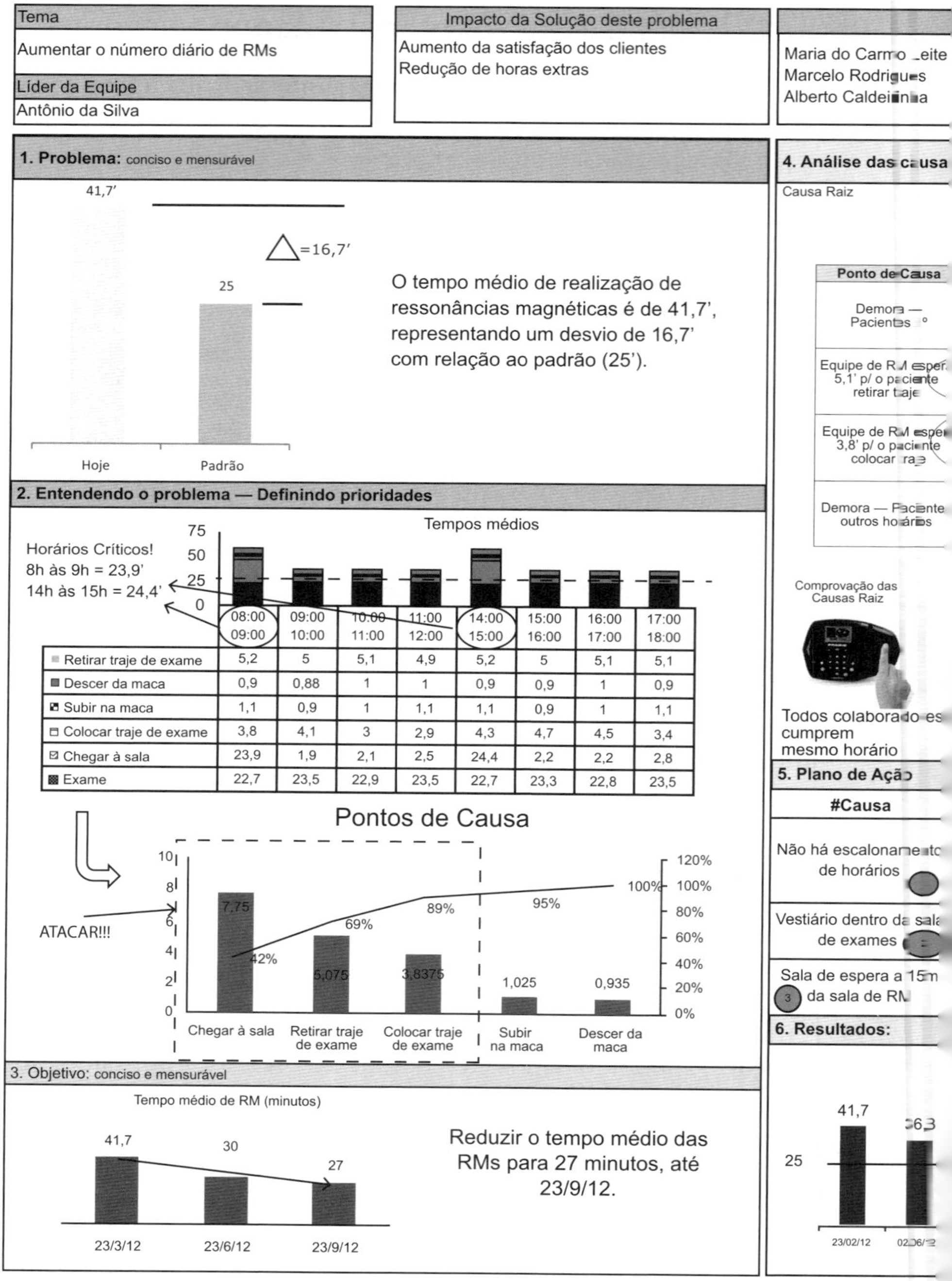

FIGURA 7.17 — A3 DE SOLUÇÃO DE PROBLEMAS IMAGECLIN

Equipe		Cronograma deste A3 (2012)
		1- 23/02 · 2-30/03 · 3-05/04 · 4-05/05 5-12/06 · 6-30/09 · 7-30/11 · 8-31/12

Por quê?	Por quê?	Por quê?	Por quê?	Por quê?
Recepção libera com atraso	Recepção inicia jornada junto com pessoa de exames (1)			
Vestiário dentro da sala de RM (2)				
Vestiário dentro da sala de RM (2)				
Layout da clínica (3)				

Vestiário

(1)
8h – 12h
14h – 18h20

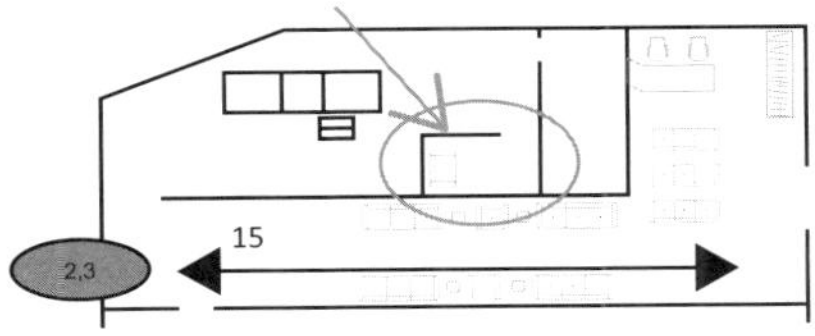

Contramedida	Quem	Início	Meta	Final
Proposta nova escala	A. Silva	07/05/2012	13/05/2012	13/05/2012
Aprovar nova escala	A. Silva	14/05/2012	14/05/2012	14/05/2012
Início novo horário	A. Silva	01/06/2012	01/06/2012	01/06/2012
Aprovar projeto	M. Carmo	07/06/2012	04/06/2012	04/06/2012
Contratar empreiteira	M. Carmo	18/06/2012	25/06/2012	25/06/2012
Mudança de layout	M. Carmo	26/06/2012	31/06/2012	31/06/2012

Use a mesma medida utilizada para "Objetivo"

Tempo Médio RM (minutos)

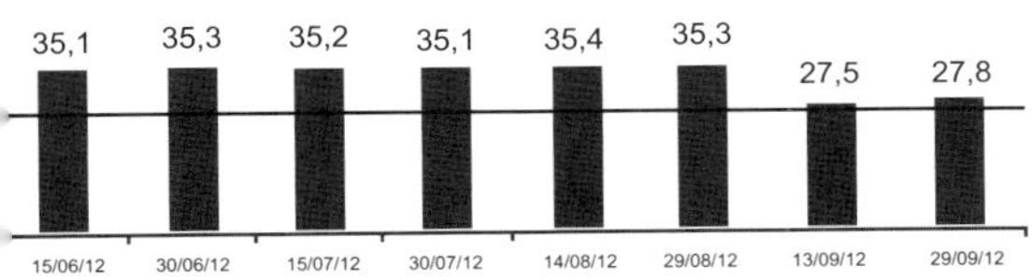

7. Padronização: Métodos utilizados para garantir a padronização

Próximas Ações:

- Criar escalas de horário, para os próximos 12 meses - Antônio Silva - até 30/10/12
- Criar instrução de trabalho contemplando o novo fluxo de pacientes - M. Rodrigues - até 30/11/12
- Treinar colaboradores na nova IT - M. Rodrigues - Até 30/11/12
- Iniciar outro A3 de Solução de Problemas, para fechar o Gap (2,8) - Antônio Silva - Até 31/01/13

8. Reflexões - Yokoten - Reconhecimento

O que funcionou/Não Funcionou?

Envolvimento das áreas foi positivo

No início do processo de A3, não havia dados disponíveis

O que aprendemos?

Devemos registrar os problemas, à medida que estes surgem

O que podemos melhorar (no processo do A3)?

Sistema de coleta de dados

Áreas que receberão cópias deste A3

Diretoria

RH

Outros envolvidos neste A3

Maria José Gomes (RH)

Lúcio Alves de Farias (Financeiro)

Dr. Argeu Mala (Diretoria Clínica)

Pontos importantes a considerar:

- A única maneira de aprender a confeccionar o A3 de solução de problemas é **confeccionando** A3 de solução de problemas (aprender fazendo).
- Como já discutimos no primeiro capítulo, mais importante que os resultados de um A3 de solução de problemas é o processo de sua confecção (o processo correto gerará os resultados corretos).

Armadilhas

Erros comuns no processo de confecção de um A3:

- iniciar a confecção de um relatório A3 sem dados sobre o problema a ser resolvido;
- usar o A3 para justificar uma solução que você já tem (ou pensa que tem!);
- desenvolver o A3 sozinho;
- priorizar o Do, em detrimento do Plan.

No Tema:

- o escopo do A3 muito abrangente (por exemplo, tentar resolver o problema da fome da África!).

No Passo 1:

- confundir desvio de um padrão com desvio-padrão;
- usar mais de um indicador para caracterizar um problema;
- utilizar palavras vazias (muito grande, muito pouco etc.) na definição do problema;
- não descrever claramente o problema;
- nas contramedidas, não há clara definição de quem faz o quê e quando;
- não planejar corretamente o monitoramento.

No Passo 2:

- Ser superficial na compreensão do problema: raramente uma única estratificação de dados consegue mostrar claramente os reais pontos de causas.

No Passo 3:

- Deixar de avaliar o impacto da mitigação dos pontos de causa, antes de definir a meta do indicador. Se você não vai atacar 100% dos pontos de causa, é impossível diminuir 100% do GAP definido no passo 1.

No Passo 4:

- Atribuir a causa raiz de um problema à falta de treinamento do colaborador, treinamento ineficaz, falta de conhecimento ou algo do gênero. Procure responder por que o sistema permitiu que o colaborador com deficiência no treinamento/conhecimento realizasse as tarefas que originaram o problema.
- Atribuir a causa raiz de um problema à falta de inspeção, auditoria ou algo do gênero.

No Passo 5:

- Definir um departamento ou várias pessoas como responsável pela contramedida.

No Passo 6:

- Usar um indicador diferente daquele utilizado nos passos 1 e 3.

No Passo 7:

- Não revisar instruções de trabalho existentes.

No Passo 8:

- fazer um Hansei superficial;
- não verificar a abrangência do problema e contramedidas.

CAPÍTULO 8

Kaizen

`Hoje, melhor que ontem. Amanhã, melhor que hoje.`

Propósito do Artefato

O Kaizen **promove a melhoria contínua dos processos, solução de pequenos problemas** e o **desenvolvimento dos colaboradores**. Está relacionado com três das crenças da cultura organizacional Lean:

- Todos devemos resolver problemas e promover a melhoria contínua dos processos (Crença #2).
- Compartilhar o conhecimento (Crença #3): a partir da análise de Kaizens já implementados, é possível gerar insights para a confecção de novos Kaizens. Na Toyota, esse processo é chamado de aprendizado lateral ou Yokoten, em Japonês (veja o Capítulo 9).
- Disseminar as quatro crenças nos membros da equipe (Crença #4).

Entendendo o Artefato

Para Masaaki Imai[1], Kaizen significa melhoria contínua. Contudo várias são as traduções da palavra Kaizen:

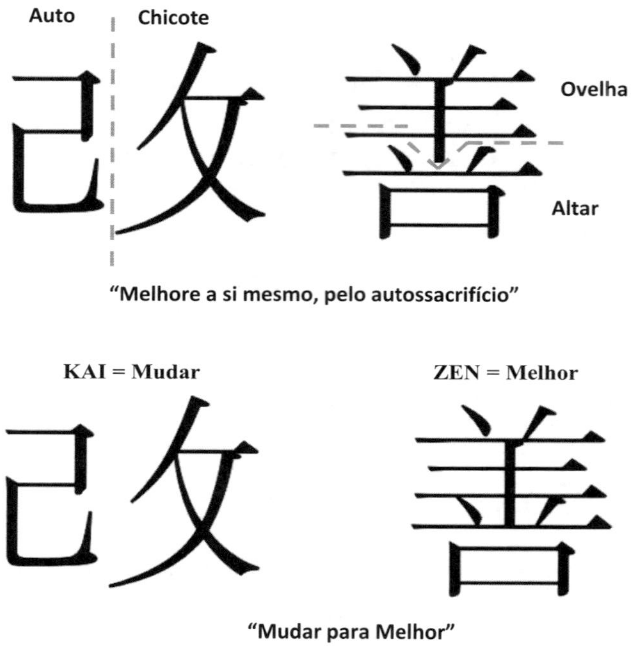

FIGURA 8.1 — SIGNIFICADOS DA PALAVRA KAIZEN

Quais ideias podem ser consideradas um Kaizen?

São consideradas Kaizens ideias que trazem benefícios relacionados[2] a:

- segurança,
- meio ambiente e/ou,
- entrega e/ou,
- qualidade e/ou,
- custos e/ou,
- eliminação de pelo menos um dos sete desperdícios (*Muda*).

Um Kaizen também **deve** ter claras:

- as contramedidas necessárias à eliminação de suas causas raiz;
- as ações necessárias à padronização dessas contramedidas.

Veja o Funil Kaizen a seguir:

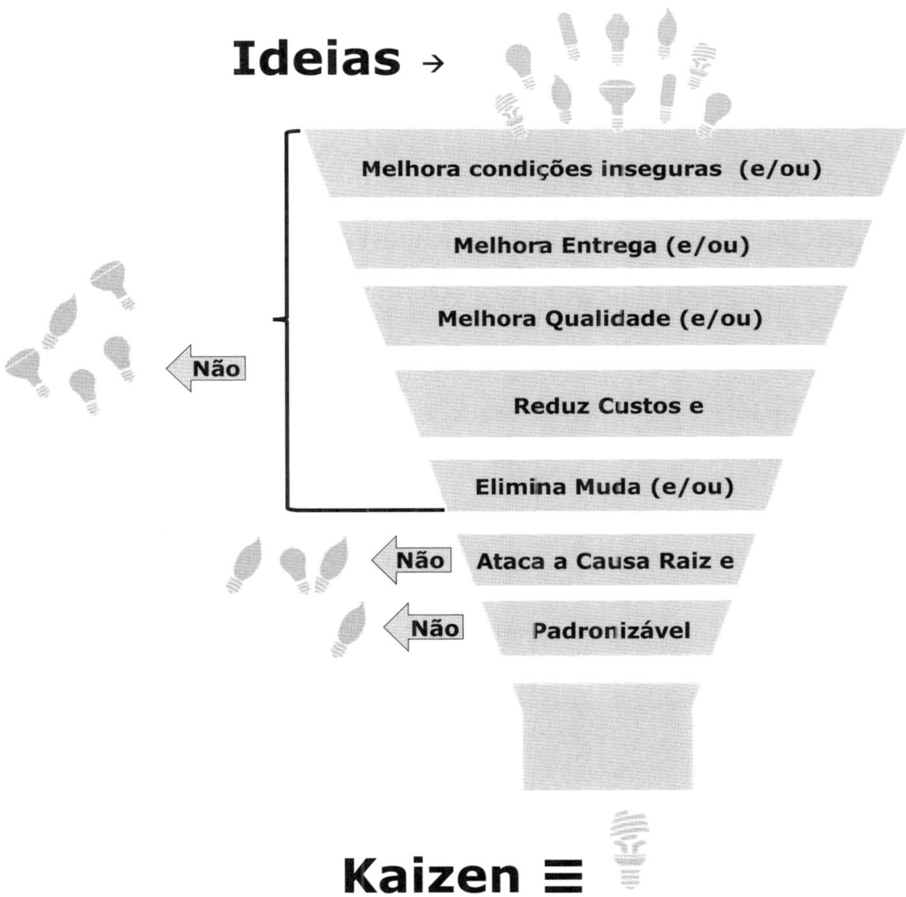

FIGURA 8.2 — FUNIL KAIZEN

De maneira geral, as organizações que têm o Kaizen como parte de sua cultura organizacional admitem que:

- sempre há a possibilidade de se aperfeiçoar um processo;
- as pessoas que atuam diretamente num determinado processo são aquelas que mais o conhecem e, portanto, têm maiores chances de melhorá-lo,
- pequenas e constantes melhorias requerem investimentos e recursos significativamente menores que as inovações, sendo, portanto, mais *acessíveis*;
- todos os elementos da organização são capazes e **devem** propor Kaizens.

Em seu livro *Kaizen*[3], Masaaki Imai compara as principais características dos processos de Kaizen e de inovação:

	Kaizen	Inovação
Efeitos	Discretos, perceptíveis no longo prazo e duradouros.	Perceptíveis no curto prazo
Ritmo	Pequenos passos.	Grandes passos.
Envolvimento	Todos.	Um grupo de especialistas.
Approach	Coletivo e sistêmico.	Ideias e esforços individuais.
Estímulo	*Know-how* convencional e busca pela perfeição.	Avanços tecnológicos, invenções e novas teorias.
Investimentos	Pequenos investimentos. Muito esforço na manutenção.	Grandes investimentos e pouco esforço na manutenção.
Orientação da Iniciativa	Foco em pessoas.	Foco em tecnologia.
Vantagens	Funciona melhor em economias com baixo crescimento.	Funciona melhor em economias com crescimento rápido.

QUADRO 8.1

A seguir, as diferenças entre a inovação (Lebre) e o Kaizen (Tartaruga):

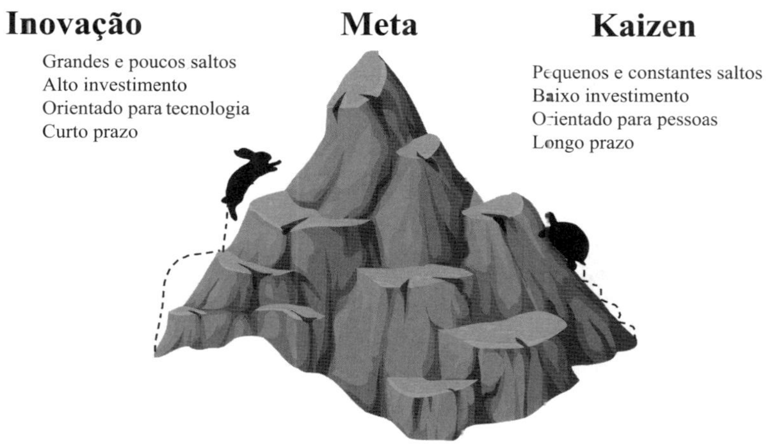

FIGURA 8.3 — DIFERENÇA ENTRE INOVAÇÃO E O KAIZEN

Como o processo de Kaizen segue o Ciclo PDCA, é muito importante que sejam compreendidos os conceitos do Capítulo 7.

Kaizen Teian

O Kaizen Teian é um **sistema** estruturado que recebe **propostas** formais (escritas) de melhorias.

Ilustrarei seu funcionamento, narrando a implantação do sistema para um de meus clientes do agronegócio: **a Fazenda XYZ**.

Exemplo de Aplicação — Plantio e Colheita de Cana-de-açúcar

Não raramente, deparo-me com gestores que veem no baixo nível de escolaridade de sua equipe um empecilho para adoção do Kaizen Teian. Esse paradigma está totalmente equivocado, como mostra o exemplo a seguir, adaptado dessa implantação.

A Fazenda XYZ possui 250 colaboradores dedicados à colheita e plantio mecanizados da cana-de-açúcar, de acordo com o seguinte processo: as mudas de cana-de-açúcar são colhidas e transportadas de caminhão a distâncias que variam de 20 a 60 quilômetros, onde são plantadas:

FIGURA 8.4— PROCESSO DE PLANTIO MECANIZADO DA CANA-DE-AÇÚCAR

O nível de escolaridade dos colaboradores da Fazenda XYZ é ilustrado no gráfico que segue:

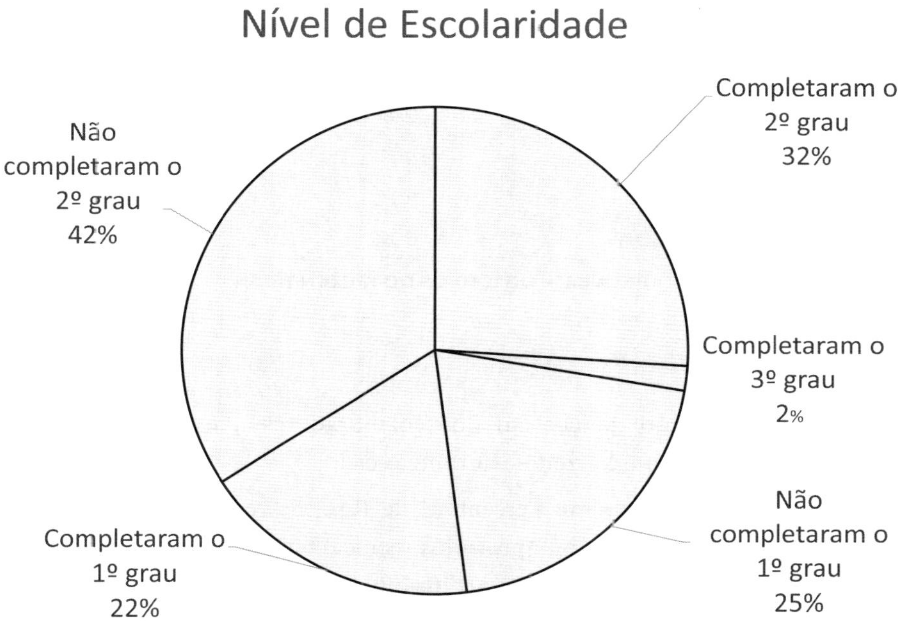

FIGURA 8.5 — ESCOLARIDADE DA EQUIPE FAZENDA XYZ

As principais definições do Kaizen Teian para a Fazenda XYZ foram:

- objetivo;
- formulário;
- premiação;
- processo.

Objetivos

Para os primeiros quatro ciclos[4] do programa Kaizen Teian:

	Participação	Aprovação Técnica do Kaizen	Implementação
1° Ciclo	40%	25%	20%
2° Ciclo	60%	40%	30%
3° Ciclo	70%	50%	40%
4° Ciclo	80%	60%	50%

TABELA 8.1 — OBJETIVOS DO KAIZEN TEIAN

Em que:

- **participação:** percentual dos colaboradores que propuseram — pelo menos um kaizen — durante o ciclo;
- **aprovação técnica:** percentual de Kaizens recebidos pela equipe de melhoria contínua aprovados tecnicamente, isto é, que atendam aos requisitos do item "**Quais ideias podem ser consideradas um Kaizen**", deste capítulo;
- **implementação:** percentual dos Kaizens aprovados e implementados.

Formulário

Após analisar vários formatos de formulário, optou-se pelo mais simples e que lista todas as etapas de um Kaizen:

	KAIZEN TEIAN	Nº

Identificação

Nome:	Data:
Área:	Setor:

Descrição do problema/oportunidade

Este kaizen trará benefícios relacionados a:	Eliminação do(s) desperdícios(s):	
( ) Segurança	( ) Superprodução	( ) Estoque / Inventário
( ) Entrega	( ) Movimentação	( ) Espera
( ) Qualidade	( ) Transporte	( ) Defeito / Retrabalho
( ) Custos	( ) Processamento	

Ilustração (utilize, preferencialmente, fotos, desenhos e/ou fluxos)

Estado atual	Estado futuro

Por quê?

Por quê?	
Por quê?	
Por quê?	
Por quê?	
Por quê?	

Portanto

Portanto...	
Portanto...	
Portanto...	
Portanto...	

Contramedidas

O quê?	Quem	Início	Fim	Status

Análise

Status	Somente para kaizens reprovados
( ) Aprovado ( ) Reprovado	( ) Proposta não melhora SEQC
Por quê?	( ) Proposta não elimina desperdício
	( ) Não se trata de um Kaizen
	( ) Outros:

Responsável:

Conclusão / Encerramento

Data de conclusão:	Responsável:	Emitente:

FIGURA 8.6— FORMULÁRIO DE KAIZEN TEIAN

Premiação

Esse tópico causou uma divisão de opiniões na equipe de melhoria contínua. Uma parte de seus integrantes entendia que a Fazenda XYZ deveria premiar as ideias que trouxessem os maiores ganhos financeiros para o negócio. Advoguei que a premiação deveria considerar o número de ideias aprovadas tecnicamente e implementadas, baseado em estudo[5] conduzido pela Japan Human Resouces Association (JHRA) e pela Association Of Susgestion Systems (EUA):

	Estados Unidos	Japão
Empresas pesquisadas	282	666
Premiação média por Kaizen implementado	US$602,15	US$2,20
Economia média por Kaizen implementado	US$6.114	US$110
Kaizens propostos por colaborador, por ano	0,12	37
Economia anual média (empresas com 200 funcionários)	US$146.736	U$814.000

TABELA 8.2

O ponto a ser considerado é que, uma vez que se valorizam e se premiam ideias que geram as maiores economias, os colaboradores somente focarão seus esforços para buscá-las, desprezando ideias que trazem pequenas economias. Ironicamente, como mostra a Tabela 8.2, o efeito obtido é o inverso do esperado: no final do dia, os ganhos obtidos nas empresas japonesas foram substancialmente maiores que nas empresas norte-americanas. Optou-se então por conferir ao colaborador **um ponto** para os Kaizens aprovados tecnicamente e mais **um ponto** após implantação do Kaizen. Esse método de pontuação induz os participantes a apresentar ideias simples e de fácil implementação.

Processo de Avaliação

A equipe definiu o seguinte processo de avaliação dos Kaizens propostos:

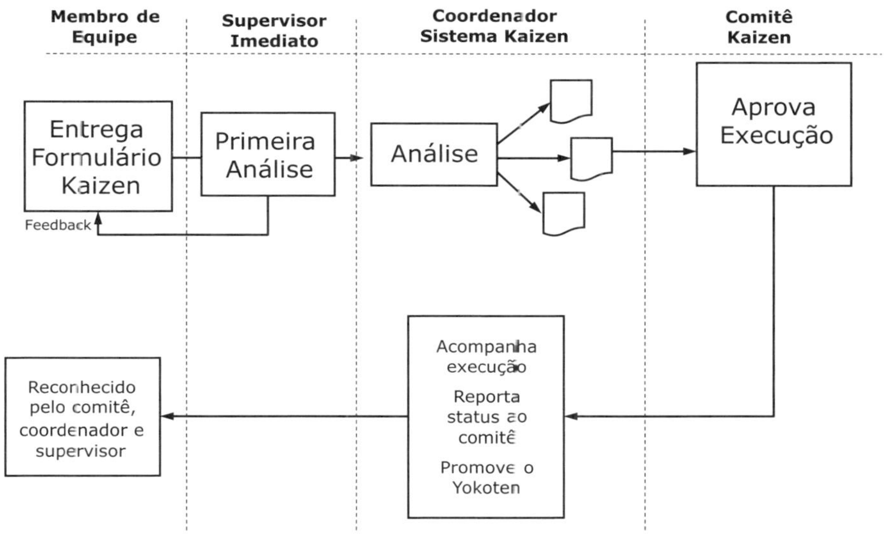

FIGURA 8.7 — FLUXO DO KAIZEN TEIAN

Treinar Liderança e Definir Agentes Multiplicadores

Como fica claro no fluxo do processo de avaliação, a participação dos líderes é fundamental para o sucesso do programa. Decidiu-se então que estes seriam treinados no artefato e que, dentre eles, seriam escolhidos os multiplicadores. Após a primeira rodada de treinamento para os líderes, a equipe de melhoria contínua iniciou o desenvolvimento da matriz de versatilidade dos colaboradores da Fazenda XYZ:

Instrutor	João Manoel Oliveira	Antônio Carlos Lima	Antônio Carlos Lima/Marcos Araújo	Cláudio Antunes	João Manoel Oliveira

Lean Thinking

Ténicas / Nome do Colaborador	5S & Gestão Visual	Troca Rápida de Ferramentas (SMED)	Kaizen	A3 de Solução de Problemas	Trabalho Padronizado
Antônio Carlos Lima	◕	◑	●	◔	◔
Cláudio Antunes	◕	◑	◕	●	◔
João Manoel Oliveira	●	◕	◕	◕	●
José da Silva	◑	◔	◔	◔	◔
Marcos Araújo	◔	○	●	◑	◕

○	Não foi exposto(a)	◑	Executa com ajuda	●	Pode Ensinar
◔	Entende	◕	Executa sem ajuda		

FIGURA 8.8 — MATRIZ DE VERSATILIDADE

Note que:

- Essa matriz pode ser utilizada para o acompanhamento da capacitação dos colaboradores, não só nos Artefatos do Lean Thinking, mas também para o follow-up no aprendizado procedimentos, operação de máquinas etc.
- Os colaboradores Antônio Carlos Lima e Marcos Araújo são os "multiplicadores" do artefato Kaizen, isto é, podem ensinar o artefato.

O passo seguinte foi o treinamento de toda a equipe da Fazenda XYZ.

Quadro de Yokoten

Conforme explanamos no Capítulo 4, o Yokoten (aprendizado lateral) é crucial para a potencialização dos ganhos gerados pela melhoria de processos. Ciente desse fato, a equipe de melhoria contínua da Fazenda XYZ criou um Quadro de Yokoten (veja Figuras 8.9 e 2.10)

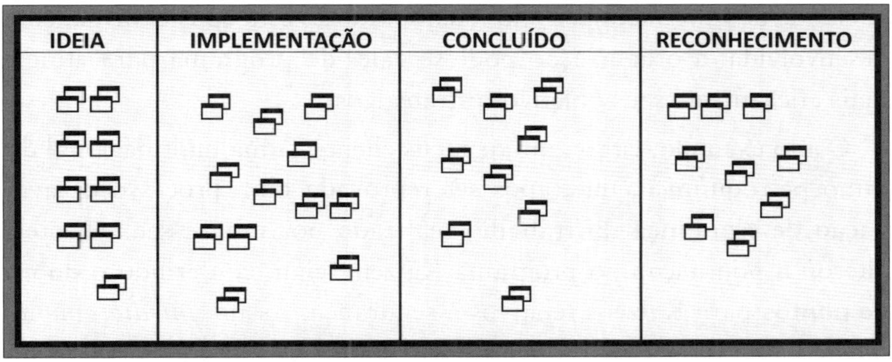

FIGURA 8.9 — QUADRO DE YOKOTEN

Em que:

- **Ideias** → Kaizens aprovados pelo supervisor imediato do proponente e pelo coordenador do sistema Kaizen.
- **Implementação** → Kaizens aprovados e liberados para implementação.
- **Concluídos** → Kaizens finalizados.
- **Reconhecimento** → Informações sobre o ranking dos participantes, fotos de premiações de ciclos anteriores etc.

Cerimônia de premiação

Semestralmente, os primeiros colocados no ranking de pontuação eram reconhecidos em cerimônias, em que participavam os diretores e gerentes da Fazenda XYZ. Nessa ocasião, também eram ofertados prêmios simbólicos para todos aqueles que tiveram pelo menos um Kaizen aprovado tecnicamente e para os primeiros colocados do ranking.

Alinhamento entre o Kaizen Teian e as Diretrizes Organizacionais (Hoshin)

A partir do terceiro ciclo do Kaizen Teian, em que a participação e capacidade de propor Kaizens dos colaboradores está consideravelmente desenvolvida, a organização pode se valer do programa para atingir mais eficazmente seus objetivos estratégicos.

Como exemplo, citarei um de meus clientes, uma multinacional do ramo petroquímico, que, após ser reprovada num processo de avaliação de segurança do trabalho realizado por um de seus clientes, alterou a pontuação do programa Kaizen Teian, conferindo o **dobro de pontos** para Kaizens relativos à segurança. Assim, *imediatamente* seus colaboradores passaram a priorizar ideias que melhoravam ou eliminavam condições inseguras. Outro aspecto importante é que a atribuição de buscar e mitigar os riscos não ficou delegada apenas aos técnicos e engenheiros de segurança do trabalho (especialistas), mas para todos os elementos da organização.

Armadilhas

- Definir o valor da economia como critério de pontuação do Kaizen.
- Demorar ou não implementar Kaizens aprovados.
- Demorar ou não fornecer feedback aos proponentes de Kaizens reprovados.
- Transferir a responsabilidade do programa Kaizen, dos líderes para a equipe de melhoria contínua.

PARTE 3

CAPÍTULO 9

Aprendizado Lateral (Yokoten)

Copia e cola são muito bons para se editar um texto! Na melhoria contínua, você deve usar o Yokoten: copia e melhora!

Propósito

O Yokoten tem como propósito **acelerar o processo de melhoria contínua**: as contramedidas adotadas para um determinado problema devem ser usadas como pontos de partida para a solução de outros. Não é necessário reinventar a roda! Como "efeito colateral positivo", o Yokoten **auxilia na sedimentação dos programas de Kaizen Teian,** pois uma vez que os membros da equipe percebem que seus pares estão participando e têm suas propostas de melhoria acolhidas, passam também a gerar Kaizens.

Entendendo o Artefato

Para os mais desatentos, o processo de Yokoten pode passar desapercebido e ser *confundido* com a gestão visual. Contudo é justamente o contrário! O Quadro de Yokoten deve ser fonte de aprendizado e inspirar novos processos de melhoria e solução de problemas.

FIGURA 9.1 — QUADRO DE YOKOTEN DE KAIZENS (UTILIZADO NA LOGÍSTICA)

Exemplo de Aplicação — Indústria Gráfica

Na Gráfica ABC, o Kaizen Teian e os quadros de Yokoten já haviam sido implantados.

A figura a seguir mostra um Kaizen de unificação de embalagens implantado:

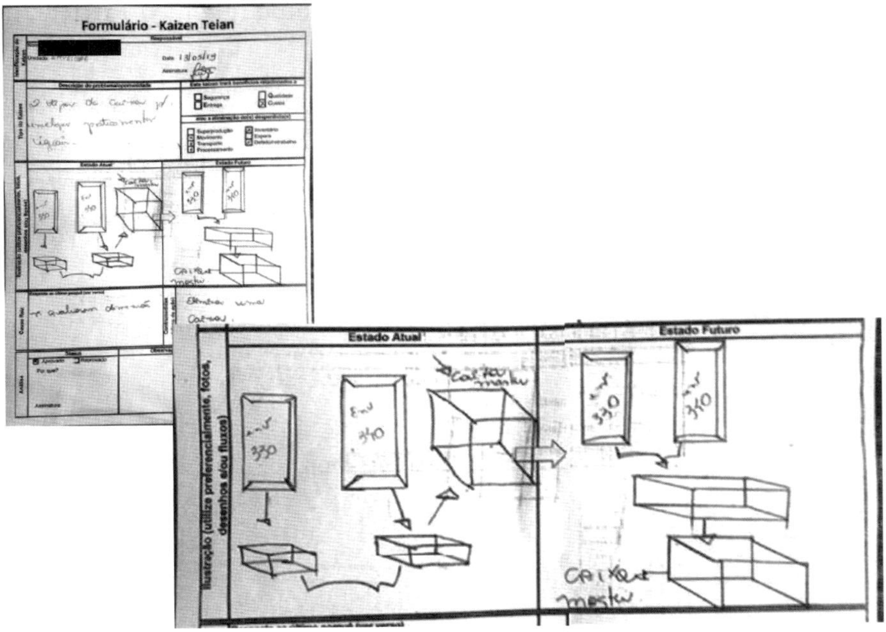

FIGURA 9.2 — KAIZEN DE UNIFICAÇÃO DE CAIXAS

O Kaizen tratava a seguinte situação: a Gráfica ABC produzia, entre outros, dois envelopes com comprimentos cujos comprimentos eram muito próximos: 330mm e 340mm.

Quando de seu desenvolvimento, foram definidos dois modelos de caixas:

- Caixa A — Para envelopes de 330mm.
- Caixa B — Para envelopes de 340mm.

Durante o processo de fabricação, frequentemente, os colaboradores utilizavam a Caixa B para embalar envelopes de 330mm. Como resultado, quando tentavam embalar os envelopes de 340mm, faltavam caixas, pois haviam sido *consumidas* para embalar os envelopes de 330mm. O Kaizen proposto **unificou** a medida das caixas, eliminando a compra da Caixa A (330mm). Depois de implantado, o Kaizen foi exposto no Quadro de Yokoten.

Tempos depois, baseado no exemplo da Figura 9.2, uma colaboradora propôs um Kaizen de unificação de tipos de colas, utilizadas na fabricação de envelopes:

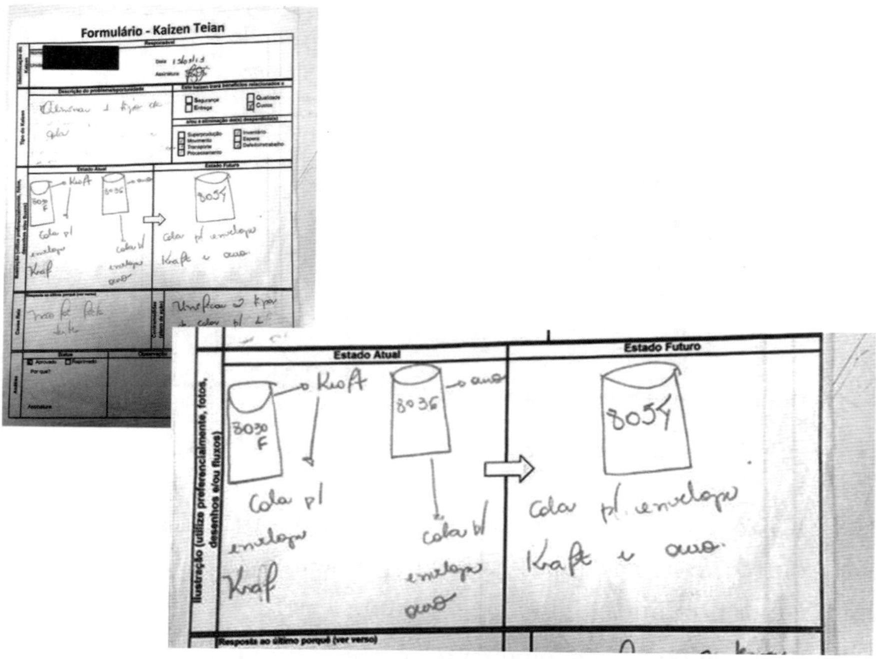

FIGURA 9.3 — UNIFICAÇÃO DE COLAS NO PROCESSO DE FABRICAÇÃO DE ENVELOPES

O Kaizen tratava a seguinte situação: a Gráfica ABC produzia envelopes, com três tipos de matérias-primas:

- Papel branco.
- Papel *ouro* (amarelo).
- Papel kraft.

Para cada um dos tipos, havia uma especificação diferente de cola. Em função das diferentes especificações, cada vez que o pessoal da produção tinha que trocar o tipo do papel — e, consequentemente, a cola utilizada — era necessário limpar, além do recipiente de armazenamento, toda a tubulação de alimentação de cola. Ao **unificar** o tipo de cola utilizada, o Kaizen eliminou essa necessidade e diminuiu o tempo necessário para a mudança de tipos de envelope (setup).

Armadilhas

- Não deixar claras as contramedidas utilizadas nos processos de Kaizen ou solução de problemas.
- Confundir Yokoten com **abrangência das contramedidas**. Yokoten é o processo explicado acima. Abrangência seria para o caso do kaizen de unificação das caixas, **também** unificar o uso de caixas de 540mm e 550mm, por exemplo.

CAPÍTULO 10

Floor Management Development System

Assim como na prática de um esporte em que, primeiramente, são treinados os fundamentos e, só depois, são ensaiadas as jogadas; no Lean, inicialmente, ensine as pessoas a resolver os pequenos problemas de suas áreas. Depois, alinhe os objetivos das áreas, com o propósito da organização.

Propósito do Artefato

O **Floor Management Development System (FMDS) é um artefato utilizado pelos** líderes Lean e tem como objetivo principal o desenvolvimento das quatro crenças da cultura organizacional da melhoria contínua, em todos os níveis da organização (Crença #4).

Líderes têm tanto protagonismo no desenvolvimento e manutenção da cultura de melhoria contínua que, se o número um da organização (CEO, presidente etc.) não entender ou não vivenciar o Lean, o processo de desenvolvimento e manutenção da melhoria contínua estará gravemente comprometido.

Entendendo o Artefato

O FMDS tem como base a gestão das anormalidades (desvios dos padrões) geradas por pelo menos um dos **três pontos que se movem**[1] no Gemba:

- **Objetos**: estoque (pessoas aguardando um serviço, de informações, de documentos ou de materiais a serem processados etc.) entre dois processos (superprodução).
- **Trabalhos (pessoas)**: como as pessoas realizam os trabalhos.
- **Informações gerenciais**: indicadores (*Key Performance Indicators* — KPI)

O quadro a seguir mostra uma relação entre os **pontos que se movem** e os artefatos que ajudam na visualização de possíveis anomalias:

Pontos que se movem	Artefato(s) para a visualização das anormalidades (Mieruka)
Objetos	5S & Gestão Visual (Capítulo 2) Just in Time (Capítulo 5)
Trabalhos (pessoas)	Trabalho Padronizado (Capítulo 4)
Informações gerenciais	Gestão da Rotina Diária (a seguir, neste capítulo)

QUADRO 10.1

O Gemba Walk e o FMDS

Líderes devem passar boa parte do seu tempo onde o valor é criado.

FUJIO CHO

O ciclo do FMDS está dividido em três fases:

1. Definições de padrões, conexões e caminhos.
2. Visualização imediata das anormalidades (Mieruka).
3. Solução dos problemas, impedindo sua reincidência.

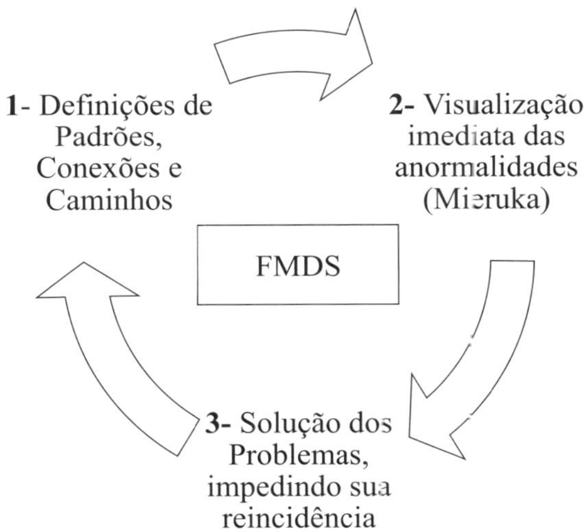

FIGURA 10.1 — CICLO DO FMDS

Ao visualizar uma anormalidade, o líder deve conduzir um processo de solução de problemas, à medida que **desenvolve** sua equipe. Logicamente, as anormalidades só serão notadas se o líder for ao Gemba[2].

Contudo não basta estar no Gemba: o Genchi Genbutsu deve ter seu propósito previamente definido, em função do grau de maturidade da cultura organizacional de melhoria contínua de cada organização. Não obstante, qualquer que seja o nível do aculturamento Lean, quando no Gemba, líderes devem atentar-se para os mínimos detalhes dos padrões e procedimentos[3], pois, **se os detalhes estiverem sendo executados corretamente, todo o restante também estará**.

Aconselho fortemente que você desenvolva sua própria maneira de realizar um Gemba Walk. Não se esqueça: o processo correto gerará os resultados corretos!

Como sugestão, abordarei a seguir alguns pontos-chave para atuação nas anormalidades dos **objetos e trabalho**. A ideia é que você tire o máximo de sua estada no Gemba, de acordo com a fase em que se encontra o processo desenvolvimento da cultura organizacional de melhoria contínua, em sua organização[4].

De 1 a 6 meses após o início da implantação

Nessa fase, o líder deve certificar-se...

... **de que não há condições inseguras no Gemba:** observar atentamente os riscos inerentes ao trabalho. Imaginar o pior cenário.

... **de que não há Muri**[5]**:** pessoas e equipamentos.

... **de que os padrões visuais do Gemba estejam definidos:** os padrões **visuais** da área (célula de fabricação, linha de montagem, unidade de hemodiálise, área de vivência do plantio, escritório etc.) **devem estar claramente definidos e atualizados até o momento do Gemba Walk.** Um 5S fraco comprometerá o sistema.

... **do correto preenchimento da folha hora a hora:** a folha hora a hora é a fonte de dados para os futuros processos de solução de problemas e deve conter informações suficientes para que se possa responder às perguntas: **o processo está adiantado ou atrasado em relação ao padrão? Por quê?** (sempre pergunte "Por quê?").

... **de que as quantidades de trabalho entre os processos estejam definidas e corretas:** as conexões dos processos devem estar claras. Os níveis mínimo e máximo de estoques em processo (componentes, documentos, pacientes) devem ser geridos através de Gestão Visual (Capítulo 2) e definidos no diagrama de trabalho padronizado (Capítulo 4).

... **de que o FIFO (se aplicável) está sendo respeitado.**

... **de que o trabalho esteja definido na documentação do trabalho padronizado:** os padrões de trabalho e de conformidade dos resultados de cada processo (outputs) devem estar definidos e compreendidos por todos. Os colaboradores devem ser capazes de **explicar** com suas próprias palavras a documentação do trabalho padronizado. O nível de capacitação dos colaboradores deve ser conhecido e adequado ao trabalho (matriz de multifuncionalidade). O conteúdo de trabalho deve ser visível. Devem estar claras quais atividades agregam valor, quais atividades são desperdícios e quais atividades são desperdícios que não podem ser eliminados, até aquele momento (gráfico de balanceamento dos operadores). O deslocamento dos colaboradores durante o ciclo de trabalho deve estar definido no diagrama de trabalho padronizado.

De 6 a 9 meses após o início da implantação

Nessa fase, o líder deve certificar-se de **todos os itens anteriores e...**

... **de que os colaboradores tenham sido treinados em solução de problemas (Capítulo 7) e Kaizen (Capítulo 8):** a habilidade de solução de problemas é crucial para a próxima fase do processo de aculturamento. Os colaboradores devem ser capazes de rodar um ciclo PDCA. O líder deve checar a matriz de versatilidade e se o cronograma de capacitação está sendo cumprido.

Acima de 9 meses

Como você pode notar, até o momento, o Gemba Walk do líder checou principalmente os **objetos e o trabalho (Pessoas)**, buscando sedimentar a Crença #1 (devemos desenhar processos para que os problemas sejam notados "imediatamente"). Veja o Quadro 1.1, no primeiro capítulo.

A partir de agora, o líder deve certificar-se de todos os itens anteriores e...

... de que os KPIs da área são compreendidos por todos os colaboradores e estão sendo atualizados corretamente, na frequência definida: os colaboradores devem compreender o que o KPI está medindo, por que essa grandeza está sendo medida e — principalmente — como seu trabalho impacta — negativa e positivamente — o KPI.

... de que as reuniões diárias estejam ocorrendo conforme o planejado, conforme as seguintes regras básicas:

- A reunião deve iniciar no horário marcado. Não importa quantos participantes faltam (A presença deve ser anotada no quadro — Figura 10.2).
- A reunião deve terminar no horário marcado (30 minutos são suficientes).
- Sempre que possível, o líder deve promover Hanseis[6]:
    - (**P**) Por que aconteceu? O que tem que ser feito?
    - (**D**) Quando deve estar pronto?
    - (**C**) Chegamos aonde queríamos? Por que vocês fizeram assim?
    - (**A**) O que funcionou? O que não funcionou? O que aprendemos?

Pauta das Reuniões Diárias

O líder deve:

- Realizar o follow-up das contramedidas e evolução do(s) A3 de solução de problemas, abertos anteriormente, lembrando que tarefas no prazo não devem ser discutidas, pois o líder deve focar as anormalidades.
- Checar as evidências para que o problema seja tido como resolvido.

- Definir qual a principal anormalidade a ser atacada, naquela data.
- Conduzir a equipe na busca das causas raiz da anormalidade, utilizando a técnica dos 5 porquês / 5 portanto (ver Capítulo 7);
- Ajudar na definição das contramedidas, dos responsáveis (um por contramedida) e prazos.
- Para anormalidades recorrentes, definir equipe e data limite de apresentação do A3.

Equipe de Apoio

Devem estar claros os papéis daqueles que participam das reuniões. Por exemplo:

- quem documenta as contramedidas, prazos e responsáveis;
- quem controla o tempo;
- quem registra a frequência etc.

Exemplo de Aplicação — Desdobramento de Estratégia

A seguir, darei um exemplo da interação entre o desdobramento de estratégia e o FMDS na Plásticos de Engenharia[7] ABC, que tem a seguinte missão (Hoshin):

Contribuir para o aumento da capacidade de resposta e inovação dos fabricantes de produtos plásticos.

Os **KPIs** principais **(Main-KPI)** escolhidos foram[8]:

- pontualidade de entregas: maior que 98%;
- lucro: maior que 9%;
- redução de custos gerais: 3% ao ano.

A partir do Hoshin da empresa (principal), foram definidos os Hoshins das demais áreas:

- **Produção:** entregar o que o cliente quer, na **quantidade**, **prazo** e **qualidade** acordados, com **custo adequado**.
- **Engenharia:** desenvolver novos produtos e garantir a satisfação dos clientes, através de suporte técnico adequado.
- **Comercial:** aumentar o fluxo de receitas apoiando os clientes atuais e atraindo novos clientes.

Em função do Hoshin da produção, foram definidos os seguintes sub-KPIs e metas para a área:

Elemento do Hoshin	Como saber se estamos indo na direção correta?	Meta do Sub-KPI
Quantidade	Produção planejada x realizada	> 95%
Prazo	Pontualidade de entregas	> 98%
Qualidade	Fazer certo da primeira vez — produção	> 95%
Custo adequado	Eficiência global (OEE)	> 85%

QUADRO 10.2 — SUB-KPIS

O OEE (sub-KPI) impacta diretamente na lucratividade (Main-KPI). Por exemplo, considerando uma linha de extrusão, produzindo com as seguintes características:

- custo hora: R$200;
- custo matéria-prima: R$80 por tonelada;
- velocidade padrão de extrusão: 500kg/hora.

... o aumento de 10 pontos percentuais no OEE gera uma redução de 23% no custo da tonelada produzida:

Fator	De	Para
Disponibilidade	80%	90%
Qualidade	80%	99%
Velocidade	90%	95%
OEE	75%	85%
Custo (tonelada)	**R$1.227,78**	**R$1.042,00**

TABELA 10.1

Uma vez criada a estrutura de sub-KPIs, o time da Plásticos ABC confeccionou o quadro de gestão da rotina diária:

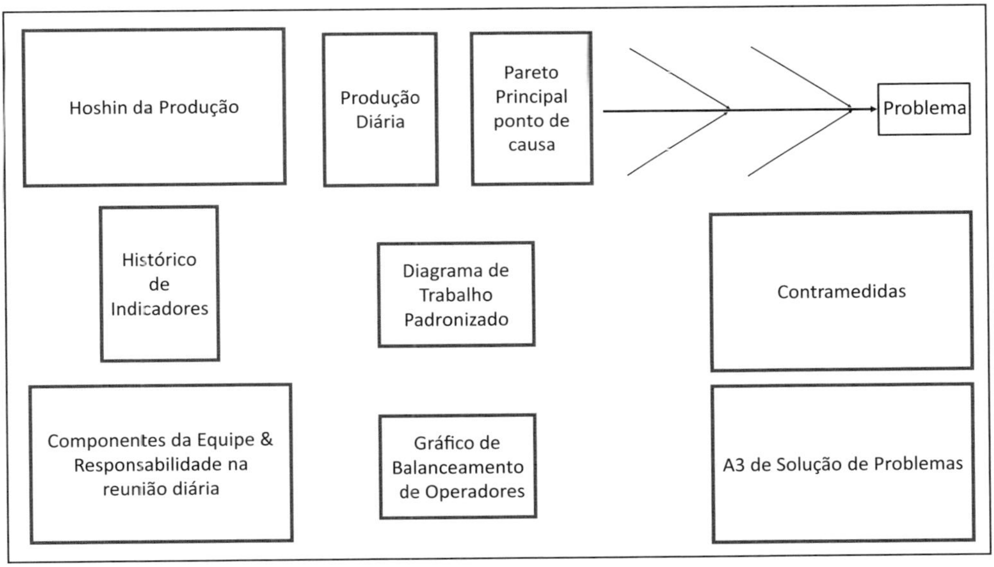

FIGURA 10.2 — QUADRO DE GESTÃO DA ROTINA DIÁRIA

Aos poucos, o quadro foi sendo construído:

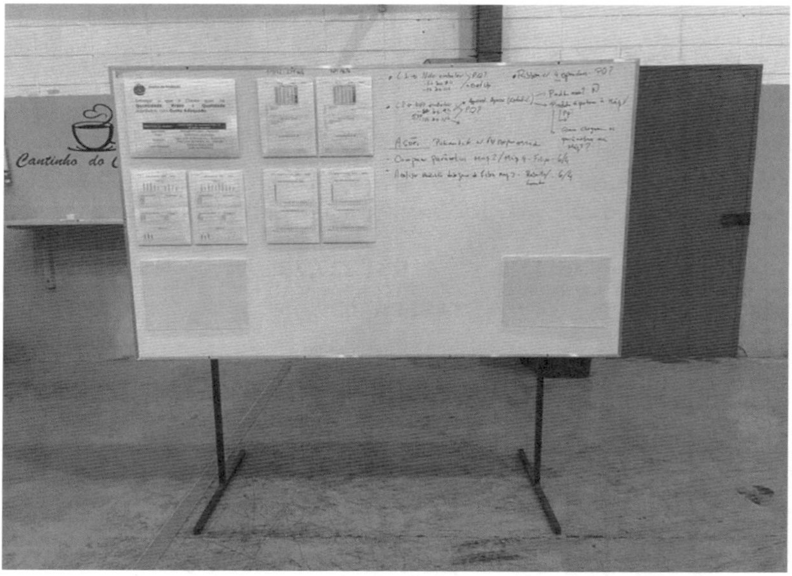

FIGURA 10.3 — QUADRO DE GESTÃO DA ROTINA DIÁRIA

A partir de então, foram realizadas reuniões diárias, *abertos* A3 de solução de problemas e propostos Kaizens:

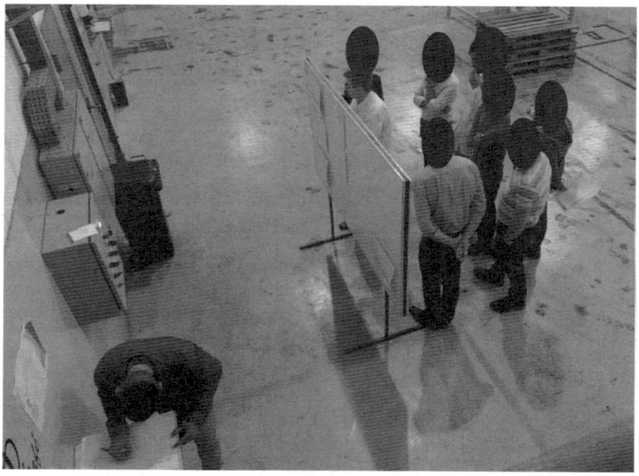

FIGURA 10.4 — REUNIÕES DIÁRIAS

Armadilhas

- Liderança não comprometida com o sistema: a Figura 10.5 mostra um exemplo de liderança **não** comprometida:

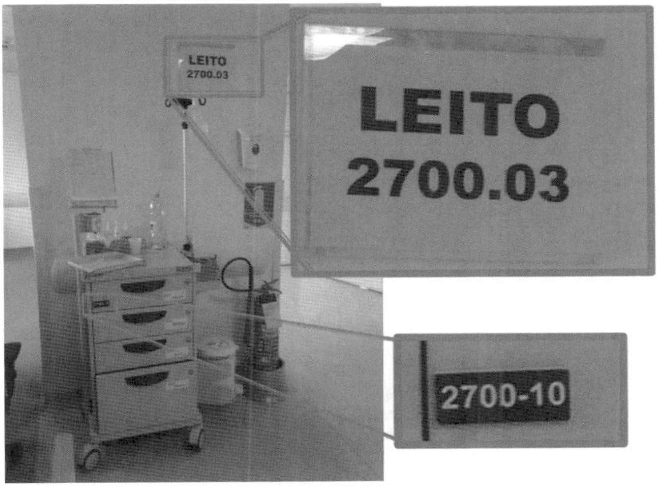

FIGURA 10.5 — EXEMPLO DE LIDERANÇA NÃO COMPROMETIDA COM O SISTEMA (ESSA FOTO FOI OBTIDA DURANTE MINHA VISITA À UTI DE UM GRANDE HOSPITAL DE SÃO PAULO)

- Falta de disciplina: líderes devem liderar pelo exemplo. A frequência e a duração das reuniões diárias devem ser rigidamente controladas.

C A P Í T U L O 1 1

Um Caminho para a Implantação do Lean

Você não muda o que a pessoa faz mudando o que ela pensa. Muda o que ela pensa mudando aquilo que ela faz.

Como Mudar uma Cultura Organizacional

Quando o processo de solução de um determinado tipo de problema funciona satisfatória e repetidamente, passará a ser tido como a maneira correta de resolver este tipo de problemas. O que era somente uma hipótese, embasada num sentimento ou intuição, passa gradualmente a ser tido como uma verdade.[1]

Essa afirmação pode ser ilustrada através do seguinte exemplo: se as vendas de uma determinada organização começam a diminuir, o gerente comercial pode afirmar que "devemos aumentar nosso investimento em propaganda", pois ele acredita que, havendo **mais propaganda, as vendas aumentarão**. O grupo, que nunca experimentou tal situação antes entenderá a frase do gerente como uma afirmação de suas crenças: nosso gerente acredita que, quando as vendas caem, devemos investir mais em propaganda. Assim, a proposta do líder não será nada mais que um ponto de vista a ser questionado, debatido e testado. Se a estratégia do gerente funcionar, à medida que o grupo percebe que o aumento nas verbas de propaganda está sendo acompanhado por incrementos nas vendas, a crença do gerente de que **quanto mais investimento em propaganda, maiores serão as vendas**, gradativamente, transformando-se numa norma e, em seguida, numa crença compartilhadas pelo grupo. Ao experimentar esse processo de transformação, os membros do grupo vão se esquecer de que, inicialmente, estavam inseguros e questionavam a eficácia da ação.[2]

Esse é o caminho a ser seguido em implantações bem-sucedidas do Lean: as quatro crenças da cultura Lean (Capítulo 1) serão desenvolvidas à medida que as pessoas experimentem maneiras diferentes (artefatos do Lean) de lidar com problemas do seu dia a dia, repetidamente e obtendo resultados satisfatórios.

Mas como conseguir que as pessoas experimentem novas maneiras de resolver problemas?

Mecanismos de Defesa do Ego (MDE)

Conforme foi dito no Capítulo 1, três em cada quatro organizações falham ao tentar implementar o Lean por conta da sua **incapacidade para mudar a cultura organizacional vigente**. Isso se deve ao fato de que, normalmente, líderes e/ou agentes de mudança tentam alterar as crenças de seu público-alvo usando pelo menos uma destas estratégias:

- **Confiança nos fatos:** os agentes **fornecem dados**, tais como grandes ganhos obtidos com a aplicação do Lean em empresas concorrentes, em empresas de outros segmentos e assim por diante.
- **Medo:** não raramente, os agentes ameaçam, tácita ou explicitamente, seu público-alvo com demissões.

- **Força:** para promover a mudança, os agentes de mudança confiam na força de sua autoridade profissional, seja por conta de seu conhecimento técnico, seja por conta de sua posição hierárquica.

E por que essas estratégias não funcionam?

Para muitos, aceitar uma mudança implica também em reconhecer que aquilo que vinham fazendo, até então, estava errado! Essa constatação causa-lhes uma espécie de dor e, segundo Sigmund Freud[3], para lidar com essa dor as pessoas ativam **mecanismos de defesa do ego (MDE):**

> *Quando estamos diante de situações aparentemente intoleráveis e nos sentimos tomados pela tensão e senso de impotência,* **nossa mente ativa mecanismos de defesa do ego** *que nos "ajudam" a enfrentar essas situações.*

São vários os MDE postulados por Freud. Em particular, analisaremos três deles:

- **Estruturas:** podemos ser expostos aos fatos, mas, para que eles façam sentido para nós, é preciso que se encaixem naquilo que já sentimos. Caso contrário, os fatos "entram e saem", sem ser ouvidos ou aceitos.

  Um experimento interessante foi realizado para mostrar como esse MDE pode afetar nosso julgamento. O filme *A Marcha dos Pinguins* foi exibido para senadores norte-americanos democratas (liberais) e republicanos (conservadores). Durante 85 minutos, o processo de reprodução dos pinguins-imperadores é narrado: todos os anos, casais de pinguins-imperadores se distanciam da segurança do oceano e partem para a terra congelada, numa caminhada que os levará ao interior do continente, local de reprodução tradicional da espécie. Depois de chegarem ao seu destino, as fêmeas ali permanecem apenas pelo tempo necessário à procriação e, logo depois, iniciam sua jornada de retorno, rumo ao mar cheio de peixes. Os machos ali permanecem para guardar e chocar os ovos. Por um período de 120 dias, os machos nada comem. E é então que os ovos começam a se partir e os filhotes a nascer. Nesse ponto, é primordial que as fêmeas retornem trazendo peixes, pois os recém-nascidos não sobreviverão mais do que 48 horas sem comida.

Terminada a exibição, os senadores foram questionados sobre a mensagem do documentário: os senadores democratas disseram que o filme trazia ideias progressistas sobre o papel de cada sexo. Já os republicanos afirmaram que o filme reafirma valores tais como monogamia e sacrifício pela família.

Em resumo, cada grupo de senadores enxergou elementos que se encaixavam nas crenças que já possuíam.

- **Racionalização:** na verdade, um processo pouco racional, em que a pessoa inventa estórias convincentes para que o ego permaneça em sua situação atual de conforto. Por exemplo, um cidadão sonega imposto e, em seguida, racionaliza dizendo que o dinheiro é mal utilizado pelo governo.
- **Negação:** a pessoa **nega a realidade exterior e a substitui por outra realidade** que não existe, invalidando informações ou situações desagradáveis que não deseja reconhecer como verdadeiras.

Veja a seguir uma possível *inter-relação* entre estratégias convencionais dos agentes de mudança e os MDE (Quadro 11.1):

Estratégia	Mecanismos de defesa do ego
Confiança nos fatos	Os dados fornecidos pelos Agentes de Mudança não se *encaixam* nas crenças (**estruturas** preexistentes) do público-alvo. Logo, exemplos de como o Lean foi útil para uma empresa concorrente não terão o efeito desejado. Nesse ponto, o sujeito passa a racionalizar ("nossa empresa é diferente; Lean não vai funcionar aqui!") e/ou negar ("não precisamos do Lean; sempre fizemos assim! Isso é mais um modismo.).
Medo e força	Segundo o Dr. Edward Miller, diretor-executivo do hospital e universidade Johns Hopkins, "As cirurgias de ponte de safena previnem a reincidência do problema ou prolongam a vida dos pacientes em apenas 3% dos casos! [...] 90% dos pacientes **NÃO mudam seu estilo de vida**." Analisando a afirmação, deduzimos que, se o medo da morte não faz com que pessoas mudem seu estilo de vida, por que o medo de perder o emprego, no caso de não *aderirem* à nova cultura organizacional, seria suficiente? Novamente, ao sentirem-se pressionadas, as pessoas *disparam* seus MDE, **negando** a possibilidade de perderem o emprego. Em seguida, racionalizam.

QUADRO 11.1

As Três Chaves da Mudança

Em seu livro *Mude ou Morra*[4], Alan Deutschman ilustra processos de mudança de comportamento de diferentes públicos-alvo, tais como pacientes de uma clínica, presidiários e trabalhadores da NUMMI[5]. Em todos os casos, foram aplicadas as três chaves da mudança: relacionamento, repetição e reestruturação.

Relacionamento

O agente de mudança[6] deve:

- ser alguém que se importa e que usa a linguagem do seu público-alvo;
- ser um mentor (sensei), uma fonte de conhecimento;
- inspirar a confiança do público-alvo;
- ter boas credenciais.

Utilizando-se dessas características, o agente de mudança deve criar um relacionamento com seu público-alvo, não só encorajando e fomentando as mudanças, mas também servindo como um porto seguro: muitas vezes, durante o processo, surgem situações que geram estresse, incertezas e medos. O agente de mudança deve ser uma espécie de fiador, que garantirá que as novas formas de resolver os problemas funcionarão e serão adequadas às necessidades de seu público-alvo. É também através do relacionamento que o agente de mudança conseguirá *vender* a ideia e a necessidade da repetição.

Repetição

Eu não tenho medo do homem que praticou 10 mil chutes diferentes, mas sim do homem que praticou o mesmo chute, 10 mil vezes.

BRUCE LEE

Ao experimentar — contínua e **repetidamente** — maneiras **diferentes** de lidar com os problemas de seu dia a dia, o público-alvo desenvolverá novos hábitos e dominará novas habilidades. Enfim, as novas maneiras de resolver problemas passarão a ser executadas de forma natural.

Reestruturação

É a repetição de afirmações que leva à Crença.
Uma vez que a Crença se torna uma convicção profunda,
as coisas começam a acontecer.

MUHAMMAD ALI

Após repetir inúmeras vezes a *nova* maneira de resolver seus problemas, o público-alvo a *assimila*, passando a enxergá-la como a única maneira de lidar com esses problemas. A partir desse ponto, já houve a mudança da crença[7].

A Liderança x Mudança da Cultura Organizacional

Numa de suas palestras, Masaaki Imai[8] lançou a seguinte pergunta: quais são os três principais pontos para se ter sucesso na implantação do Lean? Depois de receber várias respostas incorretas, o sensei finalmente esclarece:

1. Comprometimento da liderança.
2. Comprometimento da liderança.
3. Comprometimento da liderança.

Apesar da transformação Lean ocorrer *bottom up*, o patrocínio **deve** vir dos níveis hierárquicos mais altos da organização. De preferência, o número um da organização e, imprescindivelmente, o número dois deve estar engajado no processo. Estar engajado significa participar ativamente no estabelecimento das diretrizes e avaliação dos resultados do projeto, realizar auditorias (Gemba Walks), apoiar a equipe de melhoria contínua, provendo recursos e obtendo apoio das áreas funcionais necessárias. Também é muito importante que os líderes sejam capacitados no processo estruturado de solução de problemas (ver Capítulo 4).

Exemplo de Aplicação — Agronegócio

A seguir, narrarei a utilização das três chaves da mudança no processo de implantação do Lean, numa fazenda de cana-de-açúcar (a mesma utilizada como exemplo no Capítulo 8)[9]:

Objetivos: onde estamos e onde queremos chegar

Inicialmente, juntamente com os diretores da organização, definimos um **indicador objetivo**[10] (ou **K**ey **P**erformance **I**ndicator — **KPI**) do projeto, cuja função é refletir rapidamente as melhorias geradas através do aculturamento Lean. Para o projeto, escolhemos o **número de hectares plantados por mês.**

À época, a Fazenda XYZ plantava, em média, 750 hectares por mês e tinha como meta chegar aos 1.000 hectares/mês. Graficamente, o *problema* foi representado assim:

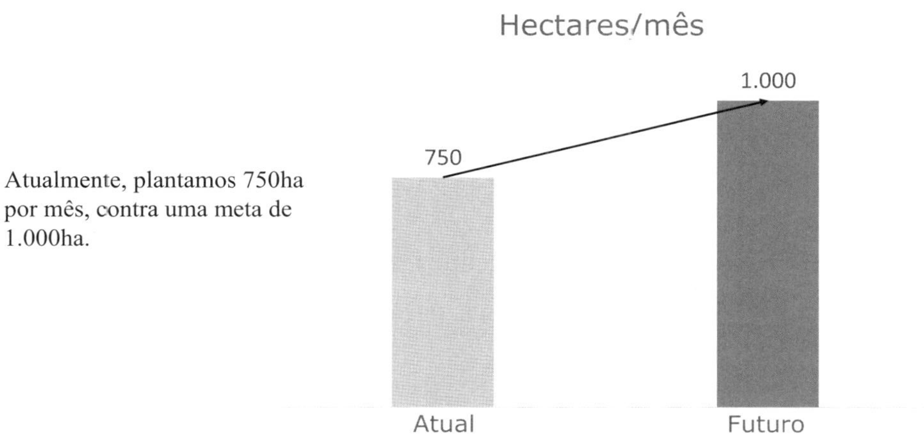

FIGURA 11.1

Entendendo o Problema — Definindo Prioridades

Auxiliados por um checklist da cultura organizacional de melhoria contínua, realizei um Lean Assessment, com os seguintes objetivos:

- entender como a equipe da fazenda utilizava (ou não) os artefatos do Lean em suas atividades diárias;
- como os desperdícios presentes no processo de plantio estavam impactando o indicador.

Veja o *score* na figura a seguir:

	%
5S & Gestão Visual	32%
Just in Time	7%
TPM	15%
Jidoka	0%
Trabalho Padronizado	0%
Solução de Problemas	0%
Kaizen	0%
Liderança Lean	0%

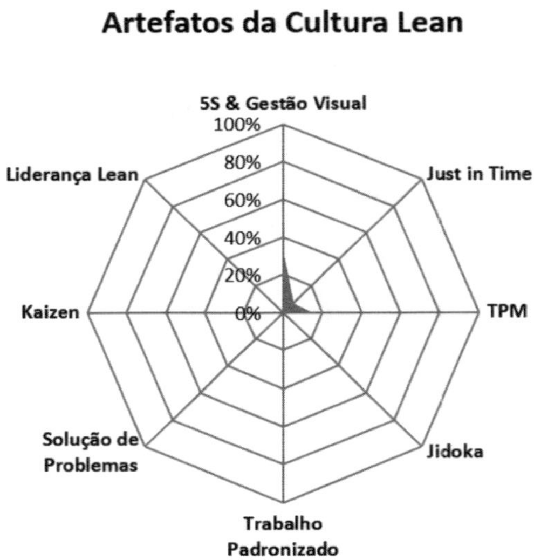

FIGURA 11.2

Note que a figura ilustra três grupos de artefatos:

Crença #1 — Desenhar processos para que os problemas sejam notados imediatamente:

- 5S & Gestão Visual;
- Just in time;
- TPM;

- Jidoka;
- Trabalho padronizado.

Crença #2 — Todos devem resolver problemas e promover a melhoria contínua dos processos:

- Solução de problemas;
- Kaizen.

Crença #4 — Líderes desenvolvem as 4 Crenças nos membros de sua equipe:

- Liderança Lean.

Crenças sustentam normas, que, por sua vez, sustentam artefatos. Logo, com um pouco de experiência, pode-se inferir as crenças das pessoas de uma organização **em função de como elas utilizam (ou não)** os artefatos dessa cultura (veja Capítulo 1).

Considerando-se as observações realizadas e o resultado do mapeamento da cultura Lean, foi definido como prioridade desenvolver as seguintes crenças nos colaboradores da Fazenda XYZ:

#1 — Devemos desenhar processos para evidenciar problemas imediatamente

- implementar os 5S e a Gestão Visual;
- introdução das instruções de trabalho, para a manutenção preventiva.

#2 — Todos devem resolver problemas e promover a melhoria contínua dos processos

- desenvolver nos colaboradores habilidades de explorar as causas raiz dos problemas e padronizar suas contramedidas, para que os problemas sejam resolvidos de forma concreta e definitiva;
- estruturar o sistema de Kaizen Teian.

#3 — Devemos compartilhar o conhecimento lateralmente

- estruturar sistema de certificação dos colaboradores nas técnicas Lean.

#4 — Líderes devem desenvolver as 4 Crenças nos membros de sua equipe

- capacitar a liderança para atuar como mentores nos processos de solução de problemas (Toyota Business Practices);
- estruturar programa de auditorias de forma a solidificar a cultura Lean.

Disseminando a Cultura Lean

Nunca duvide que um pequeno grupo de pessoas conscientes e engajadas possa mudar o mundo. De fato, foi sempre assim que o mundo mudou.

MARGARET MEAD

Antes de prosseguir, apresentarei a regra do 10-80-10.

A regra do 10-80-10

Até o momento em que escrevo esse livro, já participei de centenas de implantações, palestras e treinamentos sobre o Lean Thinking, em empresas de vários portes e segmentos, em onze países. Tive contato com brasileiros, norte-americanos, poloneses, lituanos, mexicanos, indianos e japoneses, entre outros. Observando essas pessoas, profissionais de vários níveis hierárquicos nas respectivas organizações, propus a regra **10-80-10**.

Em qualquer implantação do Lean:

- **10% das pessoas acreditam e entendem que o Lean é o melhor caminho para sua organização (promotores);**
- **10% das pessoas acreditam que o Lean não serve para sua organização ou é apenas mais uma coisa para eles fazerem (detratores);**
- **os 80% restantes querem saber quem tem razão (indecisos)!**

Ao iniciar minhas implantações, defino um grupo de colaboradores do cliente — equipe Lean — formado por promotores e detratores do Lean. A equipe Lean — com 8 a 12 pessoas — deve ser composta na sua maioria por promotores. As vagas restantes devem ser divididas igualmente entre os outros 2 grupos. Na Fazenda XYZ, a equipe Lean tinha, pelo menos, 4 promotores, 2 detratores e 2 indecisos.

O primeiro passo sempre é sensibilizar os colaboradores desse grupo, *convencendo-os* (**relacionamento**) a experimentar novas maneiras de resolver problemas. Escolhemos atuar no número de horas de máquinas[11] paradas (*downtime*), uma vez que o número de hectares plantados era diretamente proporcional ao tempo que as máquinas trabalhavam. Selecionamos um pequeno grupo de máquinas (**equipamentos piloto**).

Depois de treinados no artefato 5S & Gestão Visual (veja exemplos no Capítulo 2), a primeira dificuldade foi conseguir que os operadores dessas máquinas anotassem dados tais como, motivos e tempos das paradas e produção hora a hora. A equipe de campo se sentia controlada (e realmente, estava sendo!). Objeções tais como, "Isso não é uma fábrica de carros!" ou ainda "Vocês não confiam em nós?" passaram a ser ouvidas, quase que diariamente. Não raramente, escutava "Isso não funciona! Já tentamos algo parecido aqui!". Logicamente, esses comentários eram gerados pelos mecanismos de defesa do ego da equipe.

Mais do que a qualidade das informações, o primeiro objetivo era fazer com que **os dados fossem registrados**, isto é, que o hábito (**repetição**) de anotar fosse desenvolvido. Apesar de os colaboradores receberem gratificações financeiras pelo atingimento de metas de plantio e da explicação de que os registros os ajudariam a alcançar essas metas, juntamente com a Equipe Lean, tivemos que fazer várias incursões ao Gemba, onde conversávamos com os operadores, num processo de convencimento (**relacionamento**). Nas situações limites, isto é, quando chegávamos a um impasse, solicitávamos que os operadores fizessem o que pedíamos, simplesmente para mostrar que estávamos errados (relacionamento)!

Com o passar do tempo, as folhas e os quadros de produção hora a hora passaram a ser preenchidas corretamente e os operadores perceberam que não seriam punidos pelo fato de registrarem problemas (**relacionamento**).

Dois meses depois de iniciado o 5S & Gestão Visual, já possuíamos uma massa de dados suficientemente robusta para a análise das causas raiz do downtime. Percebemos que havia muitos pequenos problemas nas máquinas (vazamentos, falta de lubrificação, por exemplo), que poderiam ser evitados com simples e frequentes checagens dos equipamentos. A técnica Training Within Industry (TWI) foi utilizada para o envolvimento da equipe e confecção das instruções de trabalho de checagem.

Veja um exemplo de aplicação para os equipamentos do plantio:

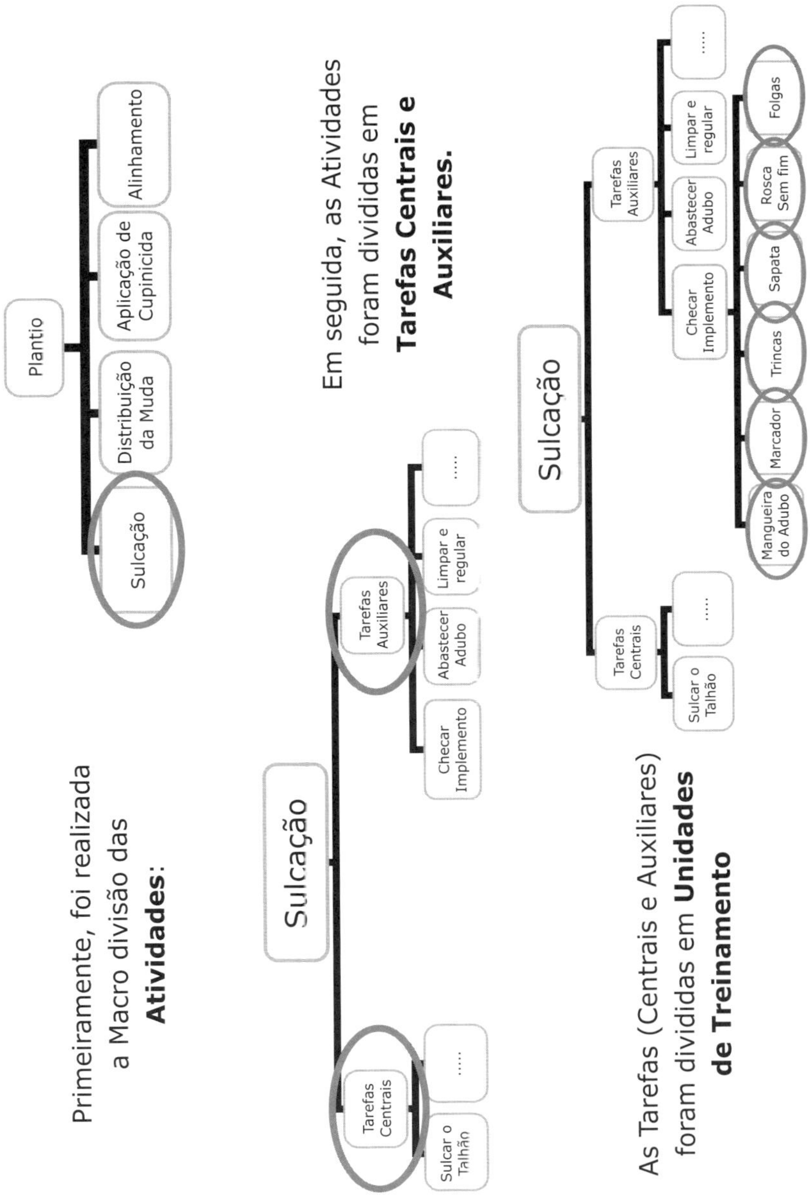

FIGURA 11.3

As instruções de trabalho foram confeccionadas conforme exemplo a seguir:

Instrução de Trabalho

Operação	PLANTADORA	Tarefa	MANUTENÇÃO PREVENTIVA DA DISTRIBUIDORA DE CANA	Equipamento	DISTRIBUIDORA DE CANA

Nº	Sequência de Etapas	Ponto Chave	Justificativa
1	Antes de executar a manutenção preventiva	1. Antes de parar para engraxar a máquina, verifique com o líder se tem outra máquina da mesma função já engraxada.	1. Só para uma por vez, para não interferir na produção do dia.
		2. As máquinas serão engraxadas na roça, se não tiver bomba de graxa, peça para o trator da lâmina trazer e deixar no munk ou na bazuca, ou em um local próximo (se tiver).	2. Para não haver necessidade de deslocar para o pátio, somente se for troca de óleo.
2	Estacionar o trator	1. Estacionar o trator em local plano, e em cada área o líder indicará um local adequado para estacionar.	1. Evitar dar partida desnecessária no trator, para sair da frente de outros equipamentos.
		2. Em qualquer operação, após 1 minuto em espera com a máquina parada, desligue a máquina.	2. Para evitar desperdício de diesel e danos ao motor.
3	Ter a Tabela 1 em mãos	Cada trator deverá ter uma tabela de controle de manutenção preventiva dentro da cabine, e o OPERADOR é o responsável pelo preenchimento e ACOMPANHAMENTO das trocas.	Para controle individual de cada máquina ou implemento.
4	A cada 25 horas	1. Engraxar os pinos e bucha (Fotos 1, 2).	1. Evitar o desgaste da peça.
		2. Dar somente 2 bombadas em cada engraxadeira, se não estiver entrando graxa, retirar a engraxadeira e limpar ou substituí-la por uma nova.	2. Evitar o desperdício de graxa.
		3. Preencha a tabela primeiro com: DATA (seta 1), HORÍMETRO de quando for engraxado (seta 2), HORÍMETRO da próxima engraxada (seta 3), NOME DO OPERADOR (seta 4).	3. O preenchimento da tabela é importante para o controle de intervalo entre as manutenções.
		4. Verificar raquete do redudor do lado direito e esquerdo, conferindo se os parafusos estão fixos ou quebrados como uma chave.	4. Para que não haja risco de os parafusos se quebrarem e danificarem a peça.
5	A cada 100 horas	1. Engraxar rolamentos e conferir óleo do redutor (o nível de óleo do redutor é verificado no visor do redutor), se estiver baixo, completar com o óleo (85W 140), conforme fotos 3, 4.	1. Evitar o desgaste da peça.
		2. Dar somente 2 bombadas em cada engraxadeira, se não estiver entrando graxa, retirar a engraxadeira e limpar ou substituí-la por uma nova.	2. Evitar o desperdício de graxa.
		3. Preencha a tabela primeiro com: DATA (seta 5), HORÍMETRO de quando for engraxado (seta 6), HORÍMETRO da próxima engraxada (seta 7), NOME DO OPERADOR (seta 8).	3. O preenchimento da tabela é importante para o controle de intervalo entre as manutenções.
6	A cada 500 horas	1. Verificar rolamento da roda, conferir se há jogo na roda, se houver é porque está desgastada, sendo necessário substituir a bucha de rolamentos (Foto 5).	1. A verificação é feita para a roda não se soltar, quebrar ou perder os rolamentos.
		2. Preencha a tabela primeiro com: DATA (seta 9), HORÍMETRO de quando for verificado (seta10), HORÍMETRO da próxima verificação (seta 11), NOME DO OPERADOR (seta 12).	2. O preenchimento da tabela é importante para o controle de intervalo entre as manutenções.
7	A cada 750 horas	1. Desmontar os rolamentos de roda para verificar as condições, caso precise trocar, solicite a troca.	1. Evita o desgaste da peça e previne problemas maiores.
		2. Checar as chapas do assoalho e elevador.	2. Se o assoalho estiver estragado pode danificar a muda e o próprio implemento.
8	A cada 3 meses	1. A cada 3 meses fazer uma avaliação na plantadora para reformá-la, olhar tandem, cabeçalho, esteira, assoalho, tricas, redutor, engate da plantadora com o pino bola.	1. Com esta avaliação podemos detectar vários problemas que não são possíveis ver na checagem.

EPIs

Materiais Utilizados

Chave para trocar pino de engraxar

Bomba engraxadeira

Controle de Revisões	Revisão	Data	Histórico
	1	4/11/2013	Primeira emissão
	4	7/1/2014	Quarta revisão

FIGURA 11.4

			Número	62 Pág 1 de 1	
			Revisão	1 Data	11/4/2013
Frequência	Indicada	Elaborado	Verificado	Aprovado	Segurança do Trabalho

Segurança	**Fotos/Desenhos**

CÓPIA CONTROLADA

Sempre quando for dar partida na máquina, dê duas buzinadas. Sempre quando trocar de implemento, fazer checagem completa de todos os compartimentos: óleo, água, pneus, EPIs etc. Padrão: é proibido dar partida no trator para qualquer atividade de manutenção feita no implemento ou no trator. Caso seja extremamente necessário dar partida no trator, é necessário antes pedir permissão para o líder da frente.

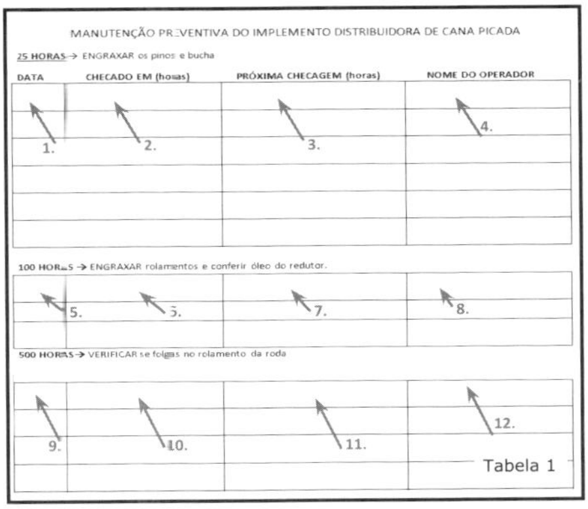

Tabela 1

Foto 1

Foto 2

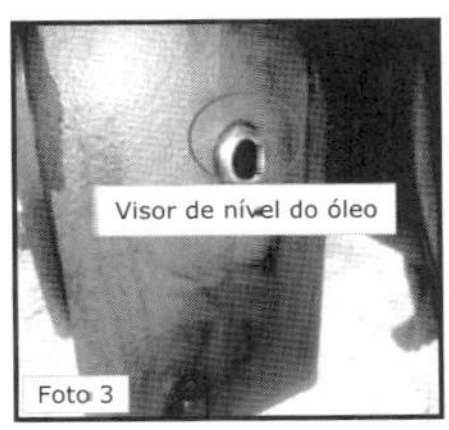

Foto 3

Foto 4

Foto 5

Uma vez mais num processo de convencimento **(relacionamento)**, os operadores foram treinados para realizar as checagens diárias, conforme as ITs. Os resultados eram anotados em folhas de manutenção autônoma:

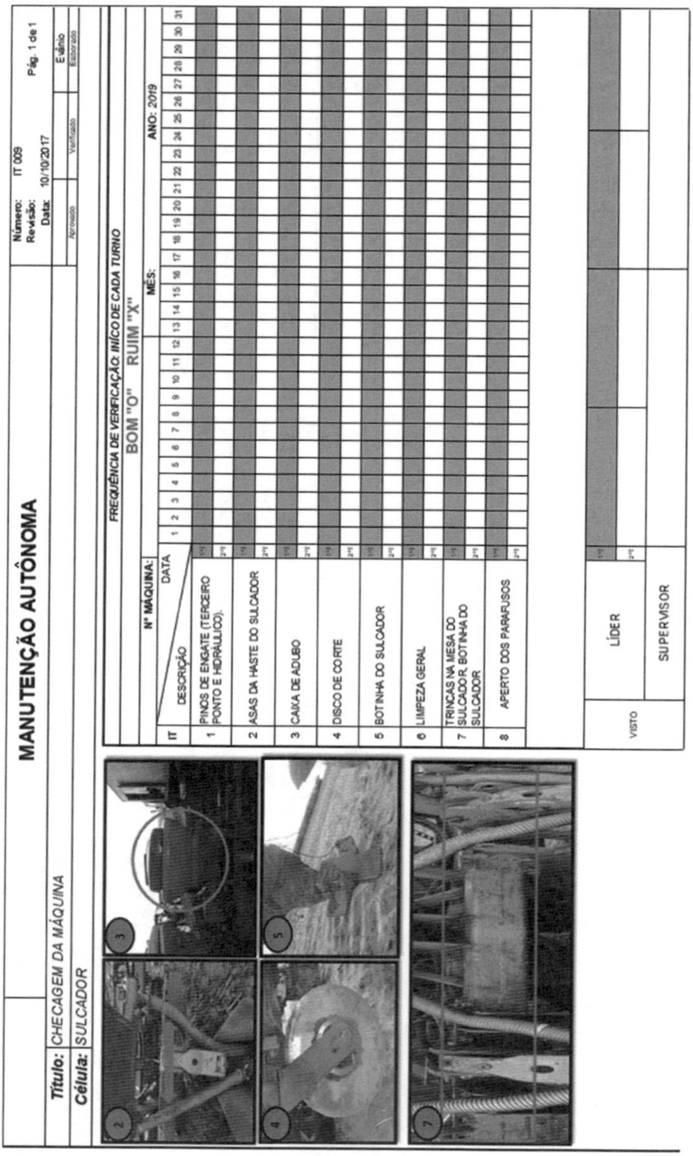

FIGURA 11.5

Em questão de semanas, a área plantada pelos **equipamentos piloto** aumentou significativamente, à medida que número de ocorrências de manutenção corretiva baixou. A equipe passou a atingir suas metas e ser elogiada[12] durante as reuniões diárias (**relacionamento**). O registro dos dados passou a ser fiscalizado pelos próprios componentes da equipe (**reestruturação**). Nesse ponto, experimentei um fato que, não raramente, ocorre em nossas implantações: colaboradores das outras equipes de plantio solicitaram que implantássemos os artefatos (5S & Gestão Visual e instruções de trabalho) em suas máquinas.

A mesma estratégia foi utilizada para a implantação dos demais artefatos.

Armadilhas

- **Implantar pedaços do Lean:** o Lean é uma filosofia de gestão de negócios. Logo, todos da organização devem vivenciá-lo diariamente. E é impossível ter apenas alguns de seus artefatos implantados e esperar ganhos consistentes.
- **Supor que o Lean é "mais uma coisa para o pessoal da** área **da qualidade (ou processos) implementar":** em várias ocasiões, encontrei diretores, CEOs e presidentes que tentaram delegar a implantação do Lean a departamentos da sua organização, tais como excelência operacional ou qualidade, por exemplo. Conforme disse antes, o Lean é uma filosofia de gestão de negócios.
- **Supor que o processo de aculturamento seja simples!** O processo de mudança de uma cultura organizacional leva de dois a três anos!
- **Resistência pacífica:** Mahatma Gandhi, em sua luta pela independência da Índia, criou a técnica de **não cooperação, sem violência**. Em vários projetos em que participei como sensei, identifiquei pessoas que **aparentemente** não se opunham às mudanças, por exemplo, aceitando entregar as tarefas que lhes eram designadas, no devido prazo. Contudo, por inúmeros motivos, não as executavam,

prometendo entregá-las em breve. Essa postura consome tempo e recursos do projeto.

- **Estabelecer metas conservadoras para a implantação do Lean:** se, após a implantação do Lean, a empresa não obteve ganhos percentuais de dois dígitos, a implantação não foi feita de forma adequada.

Referências Bibliográficas

1. DIAMOND, Jared. **Guns, Germs, and Steel:** The Fates of Human Societies (20th Anniversary Edition). Estados Unidos: W. W. Norton, 2017.
2. IMAI, Masaaki. **Kaizen**. Estados Unidos: Mcgraw-Hill, 1986.
3. KLUCKHOHN, F. Rockwood. **Variations in Value Orientations.** Estados Unidos: Creative Media Partners, LLC, 2021.
4. LIKER, Jeffrey K. **The Toyota Way:** 14 Management Principles From The World's Greatest Manufacturer. Estados Unidos: Mcgraw-Hill, 2004.
5. MASLOW, A. **The Psychology of Science:** A Reconnaissance. Harpercollins, 1966.
6. PERCY, Alan. **Nietzsche Para Estressados:** 99 Doses de Filosofia Para Despertar a Mente e Combater as Preocupações. Sextante, 2011.
7. PRODUCTIVITY Press Development Team, Productivity Press. Kaizen Teian 1: Developing Systems for Continuous Im-

provement Through Employee Suggestions. Reino Unido: Productivity Press, 2017.

8. SCHEIN, Edgar H. **Coming to a new awareness of organizational culture**. Sloan Management Review. Estados Unidos: Winter, 1984.

9. SCHEIN, Edgar H. **Organizational Culture and Leadership.** 4. ed. Reino Unido: Wiley, 2010.

10. SPEAR, Steven; BOWEN, Kent. Decoding the DNA of the Toyota Production System. **Harvard Business Review,** Estados Unidos, set./out. 1999.

11. SPEAR, Steven J. **Chasing the Rabbit:** How Market Leaders Outdistance the Competition and How Great Companies Can Catch Up and Win. Nova York: McGraw-Hill Education, 2008.

Notas

Introdução

1. Planejamento estratégico.
2. No Capítulo 1 definirei o que são artefatos. Por hora, pode-se dizer que são elementos visíveis de uma cultura organizacional (aquilo que um visitante enxerga, ao chegar a uma empresa).
3. Envie um e-mail para contato@treinari.com.br, informando seu nome e telefone, para receber os formulários utilizados neste livro.

Capítulo 1

1. LIKER, Jeffrey & HOUSEUS, Mark. *Toyota Culture — The Heart And Soul Of The Toyota Way.* 1ª Edição. Estados Unidos: McGraw Hill, 2008.
2. É muito importante notar que tudo o que será exposto a seguir vale para qualquer segmento de negócio. Seja ele uma fábrica, uma fazenda ou um hospital, por exemplo.

3. Veja o Capítulo 6.
4. Valor: características de um produto ou serviço pelas quais os clientes estão dispostos a pagar.
5. A capabilidade de um processo ou atividade é uma medida de sua estabilidade. Uma atividade ou processo capaz tem a propriedade de gerar os resultados esperados em detrimento do tempo e da demanda. Na estatística, a capabilidade de um processo é representada por C_{pk}.
6. O Lean Thinking define sete tipos de desperdícios: superprodução, inventário, movimento, transporte, refugo/retrabalho, espera e processamento. Veja Quadro 6.1, no Capítulo 6.
7. A baixa disponibilidade é um *sintoma* de atividades *gargalo*, com recursos desbalanceados e/ou executadas em recursos cuja manutenção é precária.
8. Veja Capítulo 6.
9. SCHEIN, Edgar H. *Coming to a new awareness of organizational culture*, Sloan Management Review. Estados Unidos: Winter, 1984.
10. Tradução de *Basic Assumptions*.
11. Setup são as atividades realizadas num determinado equipamento, para encerrar a produção do item A e iniciar a produção do item B. Ou ainda, o tempo de limpeza e preparo de um centro cirúrgico, entre duas cirurgias.
12. Máquina que produz tubos, a partir de chapas de aço.
13. Após a aplicação de técnicas de troca rápida de ferramentas, o tempo de setup dessa máquina caiu para seis horas.
14. No capítulo 7, abordarei as técnicas Lean de Solução de Problemas.
15. No capítulo 7, ficará claro que é impossível resolver um problema ou melhorar um processo sem gerar conhecimento!

16. DIAMOND, Jared. *Guns, Germs, and Steel: The Fates of Human Societies* (20th Anniversary Edition). Estados Unidos: W. W. Norton, 2017.

17. Um recurso pode ser uma máquina, uma célula, um trator, um médico, um centro cirúrgico, enfim, qualquer elemento que agregue valor na ótica do cliente.

18. O Toyota Business Practices (TBP) é um processo de Solução de Problemas desenvolvido pela Toyota. Foi influenciado pela metodologia proposta por W. Shewhart, na década de 1930 do século passado e amplamente divulgado no Japão, por W. Edward Deming. A base do TBP é o ciclo PDCA.

19. **Ho** — Direção; **Shin** — Agulha → Hoshin = Um caminho, uma política, um plano. **Kan** — Controle; **Ri** — razão, lógica → Kanri = Administração, gerenciamento. **Hoshin Kanri** = Gerenciamento e Controle do foco e direção da empresa.

Capítulo 2

1. Veja Capítulo 10.

2. Capacidade de detectar quando uma anormalidade ocorreu de forma a interromper imediatamente o processo.

3. Veja Capítulo 6.

4. Veja Capítulo 5, para mais informações sobre Processos Make To Order.

5. Veja o funcionamento dos quadros de Yokoten no Capítulo 9.

Capítulo 3

1. Inspirada no livro *Caminhadas pelo Gemba*, de James Womack, tive o prazer de participar do desenvolvimento da Análise V.A.C.A., durante o tempo que atuei na equipe do Honsha Associates.

2. Valor → Características de um produto ou serviço pelas quais o cliente está disposto a pagar. Sendo assim, toda atividade que não agrega valor na ótica do cliente é um desperdício.
3. Para essa tarefa, pode-se utilizar soluções que vão desde post-its, até sofisticados softwares. Particularmente, prefiro os post-its, pois são mais simples de usar. Somente sua experiência dirá qual é a melhor opção!
4. Veja o Quadro 6.1, Capítulo 6.
5. Logicamente, essas contramedidas devem ser propostas após um aprofundado estudo das causas raiz dos problemas (veja o Capítulo 7 para mais informações sobre técnicas para encontrar as causas raiz de um problema).
6. A implantação narrada nesse exemplo foi realizada entre 2015 e 2016.
7. Documento de Arrecadação Fiscal.
8. Recolhimento mensal obrigatório do imposto de renda feito pelo próprio contribuinte, quando este recebe rendimentos pagos por pessoas físicas ou vindos do exterior.
9. Livro onde são registrados as receitas e os pagamentos efetuados pelo profissional.

Capítulo 4

1. Sugiro que você observe com atenção o modelo da cultura organizacional Lean (Capítulo 1).
2. Tempo automático: tempo em que uma máquina processa um produto/serviço sem a participação do operador.
3. É comum que o operador tenha que realizar substituições de elementos que se desgastam ou são utilizados durante o processo, tais como filmes para radiografia que devem ser substituídos a cada imagem. Esse intervalo de tempo é denominado tempo auxiliar.

4. Menor porção do trabalho que pode ser transferida de um operador para outro.
5. Tempo manual: tempo referente a atividades que só podem ser executadas pelo operador.
6. A equipe decidiu calcular o Takt Time em segundos.
7. A equipe optou por usar GBO em vez da tabela combinada de trabalho padronizado, pois o processo em análise é realizado eminentemente de forma manual, isto é, sem a utilização de máquinas com ciclos automatizados.
8. Veja Capítulo 8.
9. Visualmente, é possível chegar à mesma conclusão ao analisar o GBO, notando-se que os tempos de ciclo dos operadores (= altura das colunas) são muito menores que o Takt Time!
10. Para se obter a melhor performance dos Kaizens, é imprescindível a participação e o envolvimento daqueles que executam o processo.
11. Elementos de trabalho são "intercambiáveis", isto é, podem ser transferidos entre os vários operadores envolvidos num dado processo. Uma vez feita a "transferência", o tempo de ciclo dos operadores deve ser próximo a 95% do valor do Takt Time.

Capítulo 5

1. Make to Order (MTO) — Prover produtos e/ou serviços sob encomenda.
2. Make to Stock (MTS) — Produzir para o estoque.
3. Veja Capítulo 1.
4. Informar o tempo de ciclo de cada produto ou serviço nos respectivos recursos, por onde este passa.
5. Para fins didáticos, os valores foram alterados.

6. Meios de produção são os elementos utilizados numa determinada etapa do processo. Um recurso ou conjunto de recursos pode ter vários meios de produção. Por exemplo, na recepção de um consultório, pode haver três recepcionistas. Nesse caso, teremos Quantidade de Meios de Produção = 3.
7. Um gargalo limita um sistema. O sistema sempre será tão veloz quanto seu gargalo.
8. Espécie de panela de pressão gigante.
9. Para fins didáticos, o fluxo de produção foi simplificado.
10. Veja Capítulo 4 — Trabalho Padronizado.
11. **M**atéria-prima — **M**ão de Obra — **M**étodo — **M**áquina.
12. Espessura e cores podem variar.

Capítulo 6

1. Conteúdo de trabalho = soma dos tempos de ciclo para obtenção de um produto ou serviço.
2. Veja Diagrama SIPOC, no Capítulo 6.
3. Para fins didáticos, as quantidades de equipamentos e a demanda foram adaptadas.
4. A definição das áreas de colheita cabe à usina. A Fazenda ABC não tem autonomia sobre essa definição.
5. Para entender o conceito de Takt Time e como calcular a Quantidade de Recursos, Veja Capítulo 4.
6. Capacidade de Carga de um trator.

Capítulo 7

1. A Lei de Pareto (também conhecida como princípio 80-20) afirma que, para muitos fenômenos, 80% das consequências advêm de 20% das causas. A lei foi sugerida por Joseph M.

Juran, que deu o nome em honra ao economista italiano Vilfredo Pareto.)

2. Adaptado de https://wallbuilder.wordpress.com/2013/05/29/the-lincoln-memorial-and-the-5-whys/.

Capítulo 8

1. Masaaki Imai (nascido em 1930) é um teórico organizacional japonês e consultor em gestão. Muitos autores consideram o Sr. Imai como "aquele que apresentou o conceito Kaizen para o Ocidente", através de seu livro *The Key to Japan's Competitive Success*, publicado em 1986.
2. Segurança, entrega, qualidade e custos são considerados os elementos fundamentais de um negócio.
3. IMAI, Masaaki. *Kaizen*, Editora: McGraw Hill, Estados Unidos, 1986.
4. Cada ciclo do programa deve durar, em média, seis meses.
5. PRODUCTIVITY Press Development Team, Productivity Press. Kaizen Teian 1: Developing Systems for Continuous Improvement Through Employee Suggestions. Reino Unido: Productivity Press, 2017.

Capítulo 10

1. Ou **pontos que variam.**
2. Ou **Genchi Genbutsu:** expressão em japonês que significa ir ao Gemba.
3. Por exemplo, como o colaborador deve segurar um determinado instrumento ou ferramenta, qual a frequência de inspeção e registro de informações, qual o percurso de deslocamento do colaborador em cada ciclo, qual a sequência de esterilização de um kit de instrumentos, qual a quantidade de trabalho entre processos etc.

4. Para facilitar seu Gemba Walk, utilize o sistema de Kamishibai Cards, exemplificado no Capítulo 2.
5. Muri: palavra em japonês que significa esforço, sobrecarga. Muri físico ocorre quando o colaborador trabalha em condições ergonômicas desfavoráveis, por exemplo.
6. Palavra japonesa que significa reflexão.
7. Plástico de Engenharia é a matéria-prima utilizada, por exemplo, na injeção de peças plásticas.
8. Valores Fictícios.

Capítulo 11

1. SCHEIN, Edgar H. *Organizational Culture and Leadership.* 4ª Edição Reino Unido: Wiley, 2010.
2. SCHEIN, Edgar H. *Organizational Culture and Leadership.* 4ª Edição Reino Unido: Wiley, 2010.
3. Sigmund Freud é conhecido como o "pai da psicanálise", por conta da sua extensa contribuição para o surgimento desse campo clínico.
4. DEUTSCHMAN, Alan. *Mude ou Morra*, Brasil, Best Seller, 2007.
5. New United Motor Manufacturing, Inc. — Joint venture entre a General Motors e a Toyota.
6. Pessoa ou grupo de pessoas responsável por promover a mudança de cultura.
7. Veja Capítulo 1 — Cultura Organizacional.
8. Fundador do Kaizen Institute.
9. Todas as implantações citadas neste livro também utilizaram o processo descrito neste capítulo.

10. Sugiro que sejam definidos, no máximo, quatro indicadores objetivos para um projeto de implantação.
11. Tratores, colhedoras e caminhões.
12. O reforço positivo e frequente é primordial nos processos de implantação do Lean.

Índice

K

L

M

N

P

Q

R

S

T

V

Y